# LIVRE DE POCHE

## DU

# MALTEUR

### OU LA

## SCIENCE DU MALTAGE.

## PREMIÈRE LIVRAISON.

PRIX 6 FRANCS. — DÉPOSÉ.

DÉDIÉ

## à Messieurs les brasseurs,

par la Rédaction du MONITEUR DE LA BRASSERIE.

## 1870

# LIVRE DE POCHE

## DU

# MALTEUR

### OU LA

## SCIENCE DU MALTAGE.

## PREMIÈRE LIVRAISON.

### PRIX 6 FRANCS. — DÉPOSÉ.

## DÉDIÉ

# à Messieurs les brasseurs,

par la Rédaction du MONITEUR DE LA BRASSERIE.

## 1870

# LE LIVRE DE POCHE

## DU MALTEUR

### OU LA SCIENCE DU MALTAGE.

### Des malteries industrielles.

La spécialité, c'est-à-dire la division du travail, est une des conditions de l'économie, du bon marché; c'est une des nécessités de l'industrie parisienne, qui réagit sur le monde entier.

En Angleterre, en Amérique, etc., le maltage est tout à fait distinct de la brasserie; il y a les malteurs et les brasseurs.

Les malteries anglaises s'exploitent principalement dans les lieux de production de l'orge, et dans quelques petites localités aux environs de Londres, à Warre, à Bisohf-Stofford, à Holcenorth, etc.

Les malteries les plus importantes se trouvent aujourd'hui à Bisohf-Stofford; Warre a beaucoup perdu depuis quelques années, à cause du marché aux grains, aujourd'hui considérable, qui se tient dans la première de ces deux villes.

D'après les derniers rapports, ce marché aux

grains approche de l'importance de celui d'Arras.

Le roi des malteurs est aujourd'hui M. Fairmann. Il possède 13 malteries pouvant produire 30 à 35,000 sacs par saison (3 millions à 3 millions et demi de kilogrammes).

A chacun son métier et les vaches seront bien gardées, dit le proverbe. Vous payerez, il est vrai, un bénéfice au malteur, mais vous aurez un malt plus riche qui vous fera regagner ce que vous aurez payé en plus. Puis, plus d'achats et d'approvisionnement; plus de cuves-mouilloires, plus de germoirs, plus de greniers d'aérage, plus de tourailles, plus de vastes locaux, plus de sacs, plus de danger d'incendie, etc., etc.

Tout l'argent et le temps appliqués au maltage, c'est-à-dire à ces opérations si délicates et si compliquées, seront employés à une bonne fabrication des bières et à leur vente.

La séparation de la brasserie et de la malterie est une question d'avenir; elle est inévitable, c'est un progrès, c'est-à-dire une question de temps.

Il n'est pas vrai que le brasseur gagne quelque chose en maltant lui-même. Nous lui prouverons que le malteur achètera toujours au moins 50 centimes de moins à l'hectolitre, soit 1 franc par cent kilogrammes de malt.

Cela se comprend; le malteur a des fonds et de vastes magasins, il achète sans forcer la vente, fait ses approvisionnements en temps; le brasseur, au contraire, achète au jour le jour, il doit brasser, il lui faut du grain coûte que coûte.

Le choix des qualités est aussi à l'avantage de celui qui achète par lui-même, beaucoup et en temps propice.

Si le brasseur passe par les mains d'un commissionnaire, c'est comme s'il donnait déjà à l'avance le bénéfice du malteur.

Nous ne parlons pas du mélange des millions de kilogr. d'orges étrangères. Cela se fait, cela doit se faire, car où voudriez-vous faire passer les 70 millions de kilogr. d'orges étrangères qui entrent rien qu'en Belgique?

Ces orges exotiques, qui ont séjourné partout, sont, ou de mauvais goût ou mangées d'insectes! Dans nos campagnes, le fermier après avoir battu ses meules, conduit les grains au marché; ils ont un goût frais; tandis que l'orge qui est obligée de faire un long voyage passe par toutes les intempéries.

Des brasseurs belges reculent encore devant le port et les droits d'entrée du malt venant de France. C'est cependant plus économique d'acheter le malt en France plutôt que les orges, et cela par une simple raison, c'est que le malt a freint et qu'on ne paye pas le transport de l'eau. Si le prix des orges était le même en Belgique qu'en France, ce serait une perte que de payer un droit d'entrée; mais il n'en sera jamais ainsi, vu que la Belgique est tributaire de l'étranger de plus de 80 millions de kilogr. par an. On paye

60 centimes par cent kilogr. de droits d'entrée en Belgique sur les orges comme sur les malts; par conséquent, les orges en Belgique vaudront toujours au moins 60 centimes plus qu'en France.

Pour donner une idée que l'orge manque en Belgique et en Angleterre, les tableaux officiels de la douane française ont constaté, qu'en 1869, l'Angleterre a tiré de France 76 millions de kil. et la Belgique 22 millions 1/2. — La Belgique tire en outre des autres pays plus de 50 millions de kilogr. d'orges par année.

Tout cela est si vrai, que lorsqu'un brasseur a acheté du malt, il ne veut plus malter. Tout le monde avoue que si les brasseurs n'ont pas encore détruit leurs germoirs, c'est parce qu'ils ne sont pas, disent-ils, assez certains de trouver en tous temps le malt qui leur est nécessaire.

Mais, va-t-on me dire, pour qui allez-vous écrire si le brasseur ne malte plus? Nous pourrions répondre qu'il y aura un jour assez de malteries pour créer un journal spécial, *le Malteur;* qu'en Angleterre, à Warre et à Bishop-Storford seulement on compte jusqu'à 300 malteries.

Les brasseurs qui continueront à malter trouveront dans mes chapîtres tout ce qui est relatif à leur art. Si le progrès commande la séparation de la brasserie avec la malterie, notre devoir n'est pas moins d'apprendre aux garçons-brasseurs à bien malter.

La plupart de ces derniers, il faut l'avouer, sont des praticiens qui ignorent malheureusement les difficultés insaisissables pour bien malter, afin d'arriver à un résultat irréprochable.

Une brasserie marche à une ruine inévitable en employant des malts imparfaits, car les trois périodes capitales de la fabrication de la bière : la saccharification, la cuisson et la fermentation, sont toutes solidaires du travail du germeur.

Le malt est l'âme de la brasserie; sans bon malt point de bonne bière, c'est-à-dire, absence de limpidité, de bouquet, de moelleux, de mousse, de fraîcheur, de bon goût, de force.

Le procédé de travailler les grains crûs en est bien une preuve. Si l'on peut, disait-on, obtenir de la bonne bière avec les grains crûs, il est donc inutile que notre germination soit complète, nous pouvons germer soit à la cave, soit au grenier. Pourvu que nous obtenions des radicelles, tout doit être pour le mieux.

Quelle erreur fatale!

Fatale, parce qu'elle a provoqué bien des ruines. Un bon brasseur doit toujours étudier à résoudre cette question : Pourquoi le malt est-il l'âme de la brasserie?

Le malteur qui possède une connaissance approfondie des différentes orges et des qualités dont elles jouissent selon les diverses localités d'où elles proviennent et surtout du climat plus ou moins sec, plus ou moins chaud, où elles sont récoltées, est bien plus à même d'acheter des grains de première qualité que celui dont les occupations l'ont toujours empêché de quitter sa brasserie.

Le vrai malteur sait éviter de s'approvisionner d'orges détériorées, comme celles qui ont subi une altération par leur rentrée après la récolte dans un état humide et qui se sont échauffées dans les meules.

Tout l'argent et tout le temps qu'on dépense dans le maltage, qui est, sans contredit, la plus importante des quatre opérations en brasserie, on les appliquera à la vente des bières; c'est bien plus profitable. Supprimez votre touraille, et vous pourrez acheter ou louer plusieurs cabarets en plus.

Votre premier garçon-brasseur pourra se rendre chez vos débitants, descendre dans leur cave et s'assurer que cette cave est bien sèche et bien froide, et non pas humide et chaude, si les fûts ne restent pas ouverts, les fûts vides aussi bien que les autres, etc., etc.

Le temps employé ainsi par votre garçon ne sera pas du temps de perdu; car si la bière est constamment bonne, elle fera le renom de votre brasserie, et nous n'avons pas besoin de déduire les heureuses conséquences de ce fait.

Le grain maltraité au germoir n'éprouve pas la métamorphose de la saccharification, le gluten n'est point attaqué par la force vitale. On a alors le spectacle de bières filantes causées par l'amidon resté à l'état de nature et de bières putrides provenant du gluten non attaqué par la force vitale. Cela est si vrai et si facile à démontrer, que le seul moyen de guérir promptement et efficacement les bières filantes et putrides, c'est de les remettre en levain, c'est de leur faire subir une nouvelle fermentation, fermentation dans laquelle la levûre saccharifie l'amidon qui a échappé au premier traitement, tout en se nourrissant de l'ammoniaque dégagée dans la putréfaction.

Ah ! combien les choses se passent différemment dans les établissements spéciaux, où chaque opération a ses hommes *ad hoc* auxquels la moindre nuance ne peut échapper, où le temps accordé à chaque période est précisé et strictement observé; où la dessiccation, poussée avec une sollicitude constante, arrive à l'élimination absolue de toute humidité, au point de donner, si nous pouvons nous exprimer ainsi, un grain anhydre.

L'hiver, tout se passe pour le mieux; car pendant cette saison, on fait de la bière les yeux fermés et n'importe avec quel produit sucré.

Mais il en est tout autrement l'été, et la meilleure preuve, nous la trouvons dans la quantité toujours croissante de bières acides, filantes ou putrides.

Il n'y a que les grandes brasseries qui achètent du malt, parce qu'elles brassent beaucoup et qu'elles ne savent pas en faire assez. Le petit

brasseur, au contraire, achète à crédit de l'orge
de ses cabaretiers du village.

Malter rationnellement et consciencieusement,
voilà la règle en quatre mots. En s'y conformant
ponctuellement, une malterie industrielle est indispensable au progrès de la brasserie.

Dans les petites brasseries, des grains sont
écrasés aux germoirs sous les pieds des ouvriers
peu soigneux; ces grains écrasés perdent leur
faculté germinative, engendrent promptement de
l'acide lactique et passent même vite en partie à
la pourriture.

L'acide lactique peut se former également,
lorsqu'on malte trop promptement à une température élevée. Les germoirs doivent être spacieux, sombres et froids; mais ces conditions ne
peuvent être remplies que dans les établissements
spéciaux.

La fermentation lactique est donc souvent due
aux grains écrasés, quand au lieu d'être délicatement pelletés, ils sont torturés par la pelle et les
pieds d'un ouvrier peu soigneux. C'est un inconvénient qui ne se produit pas dans le travail en
grand des malteries industrielles, où les ouvriers
sont munis de chaussons et sans cesse surveillés
par un contre-maître sévère.

Pour qu'une malterie industrielle prospère, il
faut : 1° qu'elle soit faite en grand; 2° qu'elle
acquière une clientèle par son travail. Il faut de
plus qu'elle puisse être visitée à toute heure par

ses clients et qu'elle déclare ne pas travailler les orges étrangères.

Une malterie industrielle doit être située à proximité d'une bonne culture, d'un grand marché, de chemins de fer et de canaux.

Il faut enfin qu'elle produise beaucoup pour qu'elle obtienne un résultat favorable, seule condition qui permettra d'abaisser ses prix, et pour atteindre ce but, il faut que les brasseurs accordent plus de confiance aux malteries industrielles.

La malterie industrielle de Blangy est la première qui travaille à portes ouvertes et qui invite chacun de ses clients à la visiter. C'est encore la première qui ait déclaré ne pas vouloir malter les orges étrangères.

A l'exemple de l'Angleterre, qui ne cultive que l'orge Victoria, la malterie de Blangy n'achète et ne malte que l'escourgeon si estimé du Pas-de-Calais, qui vaut bien l'orge Victoria, mais elle malte aussi, sur commande, les orges de la Champagne et l'escourgeon de la Beauce.

Des germoirs spacieux établis sous une vaste cour, de grandes tourailles sur 50 mètres de longueur, des cuves-mouilloires avec puits artésien, ses chemins de fer, ses immenses greniers pour étaler proprement ses innombrables couches d'escourgeons, sa nombreuse clientèle en brasserie, sa situation exceptionnelle à proximité du marché d'Arras, l'un des principaux de France, et à côté du chemin de fer et de la Scarpe, font de la malterie de Blangy un établissement modèle.

A l'occasion d'une excursion à la malterie de Blangy, plusieurs brasseurs rédigèrent un procès-verbal dans lequel on lit entre autres :

« Après avoir parcouru des germoirs dont un souterrain de 25 mètres de long sur 12 de large, nous arrivons à l'atelier d'une petite machine horizontale dont les fonctions sont :

« 1° De pomper près de 200 hectolitres d'eau en 24 heures pour les besoins de cinq cuves mouilloires en ciment construites dans un bâtiment *ad hoc* situé au milieu de la cour, et de cinq autres cuves en tôle ordinaire de la capacité double des cinq premières;

« 2° De faire mouvoir le tire-sacs à l'arrivée des grains;

« 3° De monter aux tourailles, par un monte-charges, tous les grains sortant de germoirs;

« 4° Enfin, de faire mouvoir une vis d'Archimède de 25 mètres de long, qui reçoit le malt des tourailles et le conduit dans un débardeur.

« De ce débardeur, le malt tombe dans le tarare où il est repris par une chaîne à godets et porté dans une nouvelle auge munie d'une autre vis d'Archimède de 20 mètres de long et qui le distribue dans un magnifique grenier.

« A ce moment, nous pensions avoir terminé la visite des germoirs, lorsqu'on ouvrit devant nous une porte à deux battants, par laquelle nous aperçûmes un immense germoir de 45 mètres de long sur 20 de large, sur les dalles duquel s'étendaient quatre couches de 80 hectolitres d'escourgeon. Nous avouons que la vue de ce magnifique germoir fit sur nous la plus vive impression.

« Nous inspectâmes de nouveau, et plus à notre aise que dans les caves, le grain en germination. Ces couches exhalaient une odeur agréable et des plus saines. Les soins donnés au travail des couches par les ordres de M. Schmidt ont ce résultat que les grains ne se tiennent pas ensemble comme des grappes et sont au contraire parfaitement séparés les uns des autres, circonstance très-favorable au développement de la plumule et aux dépens de la radicelle. De là, une germination rationnelle et parfaite.

« De ce vaste germoir, nous montâmes à un grenier aux grains de la même superficie que le germoir et littéralement plein d'escourgeon d'Arras et de la Beauce.

« Non-seulement, nous avons vu des greniers spacieux, mais encore nous avons constaté que les grains trouvés dans la malterie étaient tous de premier choix. La qualité des escourgeons de la Beauce et surtout de ceux d'Arras a fait l'admiration de nous tous.

« De ce grenier, nous nous rendîmes dans un autre grenier immédiatement au-dessus; puis dans beaucoup d'autres dont le détail serait trop long. Au troisième étage, nous nous trouvons de plein pied avec le premier plancher des tourailles.

« Cette première galerie a 50 mètres de long. Cinq portes de tourailles communiquent sur elle. Quand une touraille est terminée, des ouvriers se munissent d'un grand rateau formé de fortes planches ; l'un tient l'extrémité du manche, et trois autres, au moyen d'une corde, tirent le rateau et ramènent ainsi la touraillée sur le plancher de la galerie. De cette façon, en 15 minutes, une touraille de 50 mètres de superficie est déchargée.

« Là, la vis d'Archimède prend le malt, le fait passer successivement dans le débarbeur et dans le tarare, puis le porte sur le grenier au malt.

« Une seconde galerie se trouve au-dessus de la première, à peu près à moitié de la hauteur des hottes des tourailles. C'est sur celle-là que roulent les brouettes-tambours qui, à l'heure du chargement des tourailles, viennent déverser le grain germé. »

Le débarbeur sert à nettoyer le malt. L'enlèvement des germes est indispensable, car ils communiquent à la bière un goût très-désagréable. Nous savons que cet enlèvement des radicelles est très-difficile dans beaucoup de brasseries. A la malterie de Blangy, on nettoie mécaniquement le malt en le soumettant à l'action d'une machine spéciale, sorte de moulin à hélice dans lequel les grains sont énergiquement frottés les uns contre les autres, et à la sortie duquel, à l'aide d'un ventilateur mû par la machine à vapeur, les radicelles et les parties légères sont enlevées.

Au moment où nous écrivons ces lignes, on construit de nouveaux bâtiments à la malterie de Blangy. On verra en plus :

1° Deux tourailles à .doubles plateaux de 50 mètres de superficie chacun.

2° Un germoir de 1,200 mètres carrés.

Et 3° deux greniers mesurant ensemble 2,400 mètres superficiels.

L'ensemble sera alors intéressant et des plus imposants pour les visiteurs. On verra fonctionner plus de 4,000 mètres de germoirs et sept tourailles dont deux à doubles plateaux, soit 450 mètres de toile métallique.

## De l'orge.

NATURE, QUALITÉS ET DÉFAUTS DE CETTE CÉRÉALE.

L'orge est une plante de la famille des graminées présentant un épi caractéristique. L'axe de cet épi est articulé dans sa longueur de manière à présenter des dents alternes, et sur chaque dent se trouvent implantés trois épillets simples renfermant chacun une fleur distincte. Dans plusieurs espèces, les glumelles de la corolle sont adhérentes au grain, par exemple, dans l'escourgeon; dans quelques autres, comme dans l'orge céleste, le grain est nu.

Lorsque les fleurs des trois épillets sont fécondées, il en résulte qu'il se forme trois grains de chaque côté de l'épi, et on a une orge à six rangs; mais dans d'autres espèces, les fleurs des épillets latéraux avortent constamment, les médians sont seuls fertiles, et il en résulte une orge à deux rangs.

Un auteur avance que l'on compte de nos jours jusqu'à treize variétés d'orges, bien qu'au commencement de ce siècle les plus riches collections botaniques n'en mentionnaient que cinq.

Pour nous qui écrivons pour les brasseurs, nous nous contenterons de mentionner les quatre variétés d'orges récoltées dans nos pays. Voici donc quelles sont les espèces employées le plus communément dans la fabrication de la bière :

1° Orge commune (*hordeum vulgare hybernum Lin.*) aussi appelée *escourgeon, orge d'hiver, orge carrée d'hiver* et *orge quadrangulaire,* parce que, parmi les six rangs de grains, il y en a deux qui se confondent avec les autres, de façon que l'épi présente seulement quatre angles bien prononcés. C'est l'espèce qu'on considère dans ces pays-ci comme la meilleure pour la fabrication de la bière et la plus productive de ses congénères. D'ailleurs, semée en hiver, c'est la céréale qui mûrit la première et qui offre par conséquent des ressources précoces au brasseur pour ses bières de toute saison;

2° L'orge à *six rangs,* ou grosse orge du Nord, *orge hexagone, orge à six quarts* (*hordeum hexas-*

*ticum*), qui se distingue par ses épis gros, ramassés en pyramides, à six rangs séparés par des sillons profonds, qu'on sème généralement en hiver, mais qui est plus tardive de huit à dix jours que la précédente, et dont le grain est aussi moins pesant et moins avantageux. Cette orge est très-rustique et bien appropriée aux climats froids, c'est celle qu'on connaît sous le nom de *Big*, en Angleterre ;

3° L'orge à deux rangs, orge plate, orge distique (*hordeum distichum Lin.*), à épis longs, étroits, où les grains sont disposés par deux rangs. Elle est bien connue sous le nom d'*orge couverte à deux rangs*, et de *Pamelle* au Nord, de *Paumoule* au Midi, de *Baillarge* à l'Ouest, de *Marsèche* dans le Centre, et enfin de grande orge plate, à raison des développement de la forme de son épi. On en connaît un petit nombre de variétés peu distinctes du type, parmi lesquelles nous citerons l'*orge Chevalier*, dont la feuille est plus large, la paille plus haute, et le grain qui est parfaitement développé est recouvert d'une écorce plus fine et plus blanche. Le produit de l'orge couverte à deux rangs est moindre que celui de l'escourgeon, son grain est lourd et chargé de farine ; cependant elle rend moins en volume que les autres orges.

En Belgique, l'escourgeon se vend assez souvent un dixième environ plus cher que la pamelle, et les brasseurs habiles savent parfaitement reconnaître ces deux grains après le battage. Dans la pamelle, le grain est plus gros et relativement plus court, sa forme est régulière, un sillon médian longitudinal que l'on observe à sa surface supérieure le divise en deux parties symétriques. Chez l'escourgeon, le grain n'a pas cette régularité de forme, notamment celui qui provient des quatre rangées latérales de l'épi; il est légèrement tordu, le sillon médian n'est pas droit, mais contourné, et il divise le grain en deux parties dissemblables dont l'une est plus volumineuse que l'autre;

4° L'orge céleste (*hordeum celeste Lin.*) et l'orge nue à deux rangs (*hordeum cælestiodes Ser.*) se rapprochent par leurs caractères, la première de l'escourgeon et la seconde de l'orge plate; mais elles en diffèrent en ce que les glumelles, au lieu d'être épaisses, fermes et adhérentes avec le grain, sont minces, lisses, fragiles, et se détachent à la maturité en laissant le grain nu.

Un hectolitre d'orge-escourgeon pèse en France et en Belgique 60 kil. environ, et en Angleterre jusqu'à 67 kil., tandis que 1 hect. de pamelle ne pèse que 57 à 58 kil., et 1 hect. d'orge à six rangs 52 à 53 kil. les années ordinaires.

Quant au poids du grain d'orge considéré isolément, il entre dans un gramme :

Pamelle . . . . . . 43 grains.

Escourgeon. . . . 53 »

La longueur moyenne d'un grain d'escourgeon

est de 8<sup>mm</sup> 760, et celle du grain de l'orge à six rangs de 8<sup>mm</sup> 240.

La largeur moyenne d'un grain d'escourgeon est de 3<sup>mm</sup> 70, celle d'un grain d'orge à six rangs, de 3<sup>mm</sup> 454.

L'épaisseur d'un grain d'escourgeon est 2<sup>mm</sup> 856, celle d'un grain d'orge à six rangs 2<sup>mm</sup> 680.

Le volume moyen d'un grain d'escourgeon est de 33 millim. cubes 557, et celle du grain d'orge à six rangs de 29 millim. cubes 119, c'est-à-dire que ce volume est au moins de 1/6 plus ort pour le premier que pour le second.

Le poids moyen de l'amande dépouillée de son enveloppe corticale est dans le grain d'escourgeon de 46 milligr. 136, et celui du grain d'orge à six rangs de 35 milligr. 041.

Le poids moyen de l'enveloppe et de l'arète de la glume est dans le grain d'escourgeon de 7 milligr. 970, et celui du grain d'orge à six rangs de 75 milligr. 646.

Einhoff a reconnu que le grain d'orge arrivé à maturité et séché à l'air se composait, sur 100 parties, de 70,05 de matière amylacée, 18,75 d'enveloppe et 11,20 d'eau. M. Poggiale a trouvé de son côté que ces enveloppes ne s'élevaient, en moyenne, qu'à 10 p. c., différences qui sont probablement dues à la variété de l'orge, à la nature du sol, à la saison et à des circonstances fortuites que le brasseur ne peut apprécier autrement sur

le marché que par l'examen superficiel du grain
et par son poids, le grain qui, à volume égal, présente le poids le plus fort paraissant devoir être
celui qui mérite la préférence; ou mieux, peut-
être, celui qui, à volume et poids égaux, fournit
le plus de farine.

La qualité de l'orge est du reste, comme celles
de toutes les plantes, profondément influencée par
la nature du sol sur lequel elle a végété. On pense
que les orges les plus avantageuses pour la fabrication de la bière sont celles qui croissent sur les
sols calcaires ou les loums riches, et dans des
lieux élevés et bien aérés.

L'orge de bonne qualité doit être parfaitement
nettoyée, exhaler une odeur franche et fine, présenter une enveloppe mince, nette, brillante, légèrement ridée, couleur jaune-clair adhérant intime-
ment à une amande pleine, douce, bien nourrie,
qui, lorsqu'on la rompt, présente une matière
blanche, farineuse, avec un germe sain et bien
développé de couleur jaune-pâle. On doit éviter
d'employer les orges dont le grain corné et vitreux
ne se rompt qu'avec difficulté, parce qu'il est à
craindre qu'il n'ait été échauffé ou autrement, et
que le principe vital du germe n'y soit détruit,
ce qui occasionnerait une perte au maltage, puisque la germination ne pourrait s'y développer et
qu'il n'y aurait plus formation de dextrine sous
l'influence de la diastase.

On rejettera aussi l'orge piquée, de couleur

grisâtre ou jaune sale, trop fortement ridée, très-poudreuse et exhalant une odeur de moisi, ou celle mélangée de graines étrangères et en particulier de vesces et d'ail sauvage ou autres graines du même genre donnant un goût détestable à la bière.

Toutes les orges qu'on trouve sur le marché n'ont donc pas, aux yeux du malteur expérimenté, la même valeur. Les meilleures, pour cet objet, sont les orges douces, moelleuses, à peau fine, qui, quand on les coupe avec les dents ou un instrument tranchant, présentent une amande blanche et farineuse, tandis que les orges dures, cornées, qui, quand on les coupe offrent une amande bleuâtre, sont moins propres à produire un aussi bon malt et une bière d'une saveur aussi riche et aussi veloutée, malgré qu'elles aient le même poids que les précédentes ou qu'elles soient même plus pesantes.

L'orge à laquelle on doit donner la préférence dans une brasserie est celle parfaitement saine qui n'a pas été attaquée par la nielle ou les autres maladies qui affectent parfois les céréales, qui n'a subi aucune altération de la part de l'humidité, ou d'un long voyage en mer, ou ayant germé sur pied et enfin celle qui n'est pas âgée de beaucoup plus d'une année.

On doit aussi éviter de faire l'acquisition d'orges qui ont été mouillées à dessein pour en augmenter le poids et le volume, fraude qu'on reconnaît à ce que le grain qu'on agite ne produit pas de poussière, qu'il n'a plus la consistance et la dureté naturelles et qu'il fait éprouver, quand on le touche, une sensation fraîche que ne présente pas le grain sec.

Le poids de l'orge pouvant servir d'indice pour la qualité du grain, on le constate parfois, quand on n'a pas une longue pratique ni assez de connaissance par le toucher avec la main, à l'aide d'une petite balance (1), mais le résultat qu'on obtient ainsi n'a pas grande valeur, parce que l'état hygrométrique de l'atmosphère, un léger mouillage, un choix particulier des grains qu'on pèse peuvent faire varier notablement ce poids et induire en erreur. D'ailleurs, on peut aujourd'hui sur les marchés français, si on tient à constater le poids, faire peser un hectolitre ras ou comble suivant les usages ou les conventions, et sur les marchés belges, acheter au poids garanti.

Voici les signes auxquels on doit reconnaître la meilleure qualité d'orge pour la brasserie.

1° Le grain doit posséder aux deux pointes une couleur jaune pâle bien égale et la même.

2° Les grains doivent être d'égale grosseur, parfaitement secs, pesants, pleins, durs, à enveloppe mince, et posséder un aspect frais, une coloration qui indique qu'ils sont récemment récoltés et une odeur franche. Une bonne orge sèche et à

(1) Il y a le pèse-grains de poche de M. Gaud, ingénieur-agricole à Juvisy (Seine-et-Oise), du prix de 8 francs.

enveloppe fine coule aisément entre les doigts.

3° L'orge ne doit pas présenter de graines ou de fragments d'autres matières étrangères qui donnent à la bière une saveur désagréable et la disposent à passer à l'aigre.

4° Le grain le plus vieux ne doit pas avoir beaucoup plus d'une année et avant de l'employer, il faut, quand il est nouvellement récolté surtout, le faire sécher complétement, parce qu'autrement il ne germe pas uniformément, ce qui arrive également avec des orges d'âges divers ou provenant de terrains et surtout de climats différents.

Il faut donner la préférence à des orges provenant des sols légers, homogènes et non humides.

Tous les moyens empiriques ou fondés sur la science qu'on peut proposer pour reconnaître la qualité des grains, le cèdent souvent à l'expérience acquise dans le commerce qui permet, par un simple coup d'œil et au toucher, de juger très-exactement cette qualité, de reconnaître les défauts, les fraudes et enfin toutes les conditions qu'on doit rechercher dans le produit qu'on se propose d'acquérir, d'en fixer ainsi la valeur vénale et surtout le rendement qu'on peut en obtenir.

Mais quelque exercé que soit un brasseur dans la connaissance des diverses qualités de l'orge, et l'expérience qu'il peut avoir acquise d'en apprécier la valeur au moyen de l'aspect, du poids et de quelques autres caractères physiques, il semble qu'il ne devrait jamais faire une acquisition, surtout d'une grande importance, de ce grain, sans s'assurer, soit par une fabrication en petit avec l'orge qu'il veut acquérir, soit par un mode d'essai particulier du rendement, que ce grain peut fournir un produit de bonne qualité. Voici pour cet objet une méthode qui a été recommandée par M. Habich.

L'orge est moulue finement dans un moulin à café. On pèse 100 grammes auxquels on ajoute 400 grammes d'eau, et on chauffe jusqu'au point d'ébullition. En même temps on pétrit, avec 300 grammes d'eau, dans un autre vase, 100 grammes d'un malt dont on a constaté très-exactement le rendement en extrait. On ajoute alors peu à peu le malt au grain bouilli et assez d'eau pour faire un litre. Ce malt est exposé avec précaution à une température de 70 à 75 degrés centigrades, et abandonné au repos pendant une heure, en le garantissant soigneusement contre un refroidissement. Alors on le filtre à travers une toile, on en presse le résidu, on rabat les bords du filtre et on arrose d'eau chaude en pétrissant toujours jusqu'à ce qu'on ait enlevé tout le moût adhérent. On presse encore, on fait sécher et on obtient la drèche ou résidu dont ont détermine le poids.

Supposons que le poids de ces résidus soit de 41 grammes, dont 25 grammes appartiennent au malt, il reste pour le grain cru 16 grammes. Si on soustrait ces 16 grammes du poids primitif de

100 grammes, il reste 84 grammes pour l'extrait et l'humidité. Or, si on a, par une opération préliminaire, constaté que le grain cru contenait 14 p. c. d'humidité, ces cent grammes renfermaient donc :

Résidus . . . . . . . . . .  16
Extrait . . . . . . . . . .  70
Humidité . . . . . . . . . .  14
                            ————
                             100

c'est-à-dire que cette orge est susceptible de fournir 70 p. c. d'extrait d'après cette hypothèse.

Nous ferons seulement remarquer que d'après cette manière de procéder, on est peu éclairé sur la proportion d'amidon, de gluten, de sucre, d'albumine et de gomme que renferme cette orge, et sur son rendement définitif en bonne bière ou degré de spirituosité voulu lorsqu'on sera parvenu au terme de toutes les opérations.

### De l'eau hygrométrique du grain non malté.

L'eau qu'on trouve dans le grain d'orge peut varier beaucoup en quantité, parce que les matières végétales peuvent en absorber, dans une atmosphère humide, des proportions considérables; mais une grande partie de cette eau est ce qu'on appelle de l'eau hygrométrique, c'est-à-dire puisée en proportion plus ou moins forte dans l'atmosphère et n'entrant pas dans la composition intime du grain. L'autre portion est l'eau de composition ou de végétation qui subsisterait encore dans ce grain quand il aurait été chauffé à la température de 100 degrés centigrades, eau qui est nécessaire à son existence comme grain, celle enfin que les analyses décèlent et dosent, et qui s'élève à environ 10 p. c. du poids du grain.

Lors donc qu'on achète une orge, il faudrait s'assurer d'abord si on n'a pas cherché à en gonfler le grain et à lui donner du poids par un excès d'eau hygrométrique qu'on lui a fait absorber, excès qu'on ne doit pas payer, puisqu'il n'a aucune valeur pour le brasseur. L'opération pour faire cet essai est fort simple et consiste à peser 10 grammes de grains, à les déposer dans une capsule en métal qu'on place sur un bain de sable dans lequel plonge un thermomètre, à enlever la capsule dès que cet instrument marque 70 degrés centigrades, enfin à peser vivement de nouveau pour que le grain n'emprunte pas d'eau à l'atmosphère, et à déduire le second poids du premier, la différence indique la proportion de l'eau hygrométrique qui a été expulsée du grain à la température de 70 degrés.

## De l'orge par excellence dite Victoria et de la différence avec l'orge ordinaire ou commune.

Nous ne terminerons pas cet article sans parler de l'orge Victoria. La supériorité de cette orge pour le brasseur sur toutes ses congénères ne peut être contestée. C'est une orge bisannuelle, qui doit être semée après une récolte précoce, elle est une variété d'escourgeon ou orge carrée d'hiver (*hordeum vulgare*), et en anglais bear ; les épis ont la même disposition, seulement l'escourgeon de nos pays rappelle davantage le motif de cette dénomination d'orge carrée.

En effet, deux rangs de grains opposés sont isolés de quatre rangs de grains appliqués deux à deux, de sorte qu'en considérant grossièrement l'épi, les grains d'orge forment une croix dont la tige est double et les bras simples.

Dans l'orge Victoria, au contraire, la ligne de grain simple est moins isolée, et l'aspect de l'épi, avec ses six grains, comme dans l'orge ordinaire, se rapproche davantage de l'aspect de l'orge hexagonale, dite grande orge.

L'épi de l'escourgeon n'a que 6 à 7 centimètres de longueur, la ligne de grain simple ne comporte que 9 à 11 grains.

Chaque grain d'orge a une barbe d'une longueur de 15 à 17 centimètres.

Le grain est moins long que l'escourgeon commun ; il figure presque un losange, dont la petite diagonale est le tiers de la grande ; l'épi contient plus de grains que dans l'escourgeon ordinaire, bien qu'il soit plus mignon que ce dernier ; on compte sur la ligne simple de 13 à 15 grains en longueur.

C'est surtout par l'aigrette du micropyle (le

plumet), qu'il est facile de reconnaître ces deux orges.

A simple vue, le plumet de l'escourgeon, qui prend sa naissance au hile qui couvre le micropyle et qui pénètre dans le sillon du grain du côté opposé à l'embryon, est glabre dans toute sa longueur; les personnes qui ont une bonne vue aperçoivent quelques barbes à l'extrémité de l'aigrette du micropyle. S'il reste quelques fragments de la barbe du grain, on sent avec le doigt qu'elle est taillée en scie dont les dents sont peu aiguës.

Au contraire, dans l'orge Victoria, l'aigrette du micropyle est couverte de poils à partir de la base, et, s'il reste un peu de la barbe du grain, les dents de la barbe taillées en scie pénètrent dans les doigts beaucoup mieux que de fines aiguilles d'acier.

Vue au microscope, l'aigrette du micropyle ou plumet d'escourgeon ordinaire, présente des barbes grossières réunies par petites houppes d'égale longueur autour de cette aigrette.

L'aigrette du micropyle de l'orge Victoria est bien différente; à partir de sa base et d'un seul côté, les barbes se multiplient en forêt continue, elles sont quatre ou cinq fois plus longues que les barbes de l'escourgeon ordinaire, mais le caractère distinctif par excellence, c'est qu'elles n'existent qu'à la partie de l'aigrette placée à l'extérieur du grain, tandis que la partie plongée dans le sillon n'a que douze ou quinze petits poils; il y en a plus de deux cents au côté extérieur du grain.

Ainsi, pas de méprise, le plumet d'escourgeon est glabre à simple vue.

Le plumet de l'orge Victoria est très-velu à simple vue.

Au microscope, le plumet de l'escourgeon contient des deux côtés des poils épais, plutôt des barbettes courtes, disposées par faisceaux.

Au microscope, le plumet de l'orge Victoria, au contraire, ne contient de poil ou barbette que d'un seul côté; ces barbettes sont plus longues, plus minces; au lieu d'être disposées en faisceaux, elles sont disposées comme la queue d'un écureuil, au nombre de plus de deux cents et côte à côte, comme dans les barbes de plumes.

Maintenant, un caractère infaillible, c'est d'examiner un fragment de la barbe du grain.

La barbe de l'escourgeon commun est taillée en scie, avec des dents, qui forme un angle peu aigu.

La barbe de l'orge Victoria présente cette particularité exceptionnelle, c'est que chaque dent est double, une grosse dent très-aiguë est soutenue par une petite dent plus aiguë encore.

Nous pourrions bien indiquer d'autres moyens de reconnaissance; il y a des marchands qui reconnaissent l'orge Victoria par *la croix* bien marquée que forme la nervure de l'embryon, avec un certain renflement nerveux qui dessine la petite diagonale du losange du grain.

Mais ce que nous avons dit suffit pour empêcher d'acheter de l'escourgeon autre que l'orge Vic oria quand on le désire.

Il suffit de lire trois ou quatre fois cet article, de bien s'en pénétrer, et on sera étonné de la simplicité des moyens physiologiques.

## De ce qu'il faut éviter pour le maltage.

Une chose qu'il faut surtout éviter avec soin dans la brasserie, ce sont les mélanges, soit de diverses variétés d'orges entre elles, soit des orges de différents âges ou qui ont végété sur des terrains différents, soit enfin des orges d'hiver avec des orges de printemps. Dans ces mélanges, en effet, où les grains présentent des conditions de vitalité diverses, le mouillage ne s'opère pas d'une manière uniforme, la germination ne s'y développe pas simultanément dans tous les grains, enfin on est incertain sur le moment où il convient d'enrayer la germination, et par conséquent on n'est plus maître des opérations.

L'orge employée par la plupart des brasseurs de Paris vient, en général, de la Champagne; elle est en moyenne d'aussi bonne qualité que les meilleures sortes des pays rhénans; ce qui le prouve, d'ailleurs, c'est que de grandes quantités de cette même orge sont achetées par la brasserie de Strasbourg et d'autres villes d'Alsace, et affectées à la fabrication de la bière.

On peut donc dire que les orges les plus généralement employées à Paris sont celles de la Champagne et de la Beauce. Dans les autres localités on fait usage des orges du pays. Du reste, avec la facilité, la rapidité des communications et le bon marché des transports, le commerce approvisionne les marchés d'orges empruntées à des rayons bien plus étendus qu'autrefois.

Il importe beaucoup que l'orge qu'on emmagasine soit parfaitement sèche et qu'on en commence le travail en cet état. Au commencement de la bonne saison pour brasser, il arrive parfois que l'orge qu'on achète n'a pas le degré de dessiccation nécessaire; or, le grain humide se malte mal, à moins qu'on ait le soin de le faire sécher à la muraille à feu fort doux ou au moins en le retouant souvent. D'ailleurs, par des temps humides, l'orge absorbe avec avidité la vapeur d'eau répandue dans l'atmosphère, et une dessiccation factice lui est avantageuse en ce qu'elle s'empare d'une manière plus régulière et plus complète de l'eau de mouillage. Black, dans son traité pratique de l'art de faire la bière, conseille même aux brasseurs de touailler toutes les orges qu'ils achètent et de les conserver ainsi sèches dans des greniers bien sains et bien aé. és, en se rappelant toutefois que la chaleur du touraillage ne doit s'élever qu'à une chaleur fort douce qui convient seulement alors.

## De l'achat des grains.

Les malteurs en Angleterre forment un corps séparé et différent de celui des brasseurs; quoique ces derniers soient, en général, capables de juger de la qualité du malt, ils savent à peine la manière de le faire. Mais en supposant encore que ces brasseurs sachent comment faire leur malt, le défaut d'emplacement convenable pour cet effet, nous fournit une autre objection; car il ne faut point supposer qu'un très-petit emplacement où l'on a à peine un espace suffisant pour faire végéter deux citernes ou cuves-mouilloires pleines de grains, pendant quatre à cinq jours, puisse équivaloir à une place suffisamment grande pour y mettre trois fois autant de grain pendant l'espace de trois semaines et plus, sans faire, en outre, mention des matières et des tourailles plus ou moins vastes et pour ainsi dire différentes dont il faut faire usage pour sécher les différentes espèces de grains.

En examinant ces circonstances, on verra clairement qu'il faut chercher dans les matières premières un remède au mal, et pour y parvenir, il faudrait avoir recours au cultivateur, parce qu'en certains endroits le peu de connaissance de quelques brasseurs les a fait donner dans une telle absurdité qu'ils ont adopté l'achat de mauvaises orges, espèce de grain maigre qui n'est bon que pour les bestiaux, au lieu de se servir d'orge de première qualité, comme l'orge Victoria, par exemple, le seul grain avec lequel on puisse faire des bières de première qualité en Angleterre.

Pour parvenir à retirer le plus grand fruit de cet ouvrage, il faut commencer à faire choix des matières propres, abandonner les mauvaises ou anciennes que l'erreur a fait adopter, et se procurer les moyens les plus commodes pour les préparer : voilà le fondement sur lequel reposera le succès; sans cela il ne faut point se flatter d'en avoir jamais.

Il est très-possible de faire de bonnes bières là où le sol produit de bon grain, excepté dans les climats par trop chauds où la chaleur empêche absolument que les bières se conservent. On n'a point cela à craindre dans le nord de l'Europe où il est très-possible, d'après la nature du sol, du climat et des productions, qu'on puisse faire des bières parfaites à l'aide des meilleurs procédés connus. Paris, par exemple, est très-bien situé, et peut-être Saint-Pétersbourg n'est pas trop au nord pour avoir part au succès.

Ces assertions ne sont pas le résultat d'une spéculation, mais bien le résumé des observations longtemps réfléchies et de l'expérience des plus anciens brasseurs, tandis que pour être malteur, il faut d'abord être assez riche, avoir de grands locaux dans une bonne situation et se procurer de bons grains.

Mais la chose n'est pas aussi simple qu'elle le paraît, car il y a du choix dans l'achat du grain

1° choix dans l'espèce ; 2° choix dans la variété ; 3° choix dans le type ; 4° la culture ; 5° le pays de provenance ; 6° la nature du sol ; 7° l'exposition ; 8° la nature des engrais ; 9° la manière ou la méthode employée dans la récolte ; 10° des soins apportés en grange ; 11° de la manière de battre ou égréner ; 12° des soins apportés au criblage ; 13° des soins apportés au vannage ; 14° des soins apportés à l'emmagasinage ; 15° il faut connaître l'état de gonflement ou de dessiccation, pour acheter au poids ou à la mesure. On voit que bien acheter n'est pas chose facile, cependant tout dépend de ce point de départ, c'est la base du métier, et cette base ne saurait être trop bien et trop longuement étudiée.

Pour pratiquer un état, il faut avoir la vocation. C'est la vocation qui soutient le courage dans l'étude.

L'orge a quatre espèces qui peuvent être ramenées à trois : l'orge à six rangs réguliers de grains, l'orge à six rangs irréguliers et l'orge à deux rangs de grains.

Ces trois espèces peuvent même encore n'être comptées que pour deux : l'orge à six rangs et l'orge à deux rangs.

Les orges à six rangs sont des orges d'hiver, les orges à deux rangs sont des orges d'été.

Les premières ont une végétation lente, prolongée ; les secondes ne restent que quelques mois en terre.

Ces deux modes de végétation influent considérablement sur la qualité du produit. Voilà pourquoi le brasseur doit pouvoir à simple vue reconnaître d'abord les deux espèces.

Mais pour le brasseur il y a plus, c'est que la deuxième espèce d'orge à six rangs de grains est justement séparée de la première à cause de la propriété spéciale que cette orge possède de faire une bière supérieure.

Cette orge à six rangs de grains irréguliers s'appelle orge carrée ou escourgeon.

Toutes les orges carrées sont précieuses en brasserie; donc on peut adopter la division en trois espèces pour la plus grande facilité de l'art.

Nous n'apprendrons plus rien à nos lecteurs en leur disant combien il est important pour le brasseur de faire un choix sévère dans les grains qu'il doit acheter, et qu'avec des orges d'une qualité moyenne ou secondaire le brasseur le plus expérimenté et le plus savant ne pourrait fabriquer qu'une bière médiocre.

Faire une bière excellente est déjà d'un puissant intérêt pour le brasseur; la faire avec économie est un autre point essentiel pour lui. Eh bien ! les hommes les plus expérimentés affirment que l'on gagne davantage en achetant de bonne orge plus cher que de l'orge inférieure à bon marché.

Si les brasseurs s'imposaient généralement cette

règle, ils pèseraient énormément sur les systèmes
de culture, et dans un espace de temps assez court,
on verrait les cultivateurs ne plus approvisionner
les marchés que d'orges de premier choix.

Cet heureux succès s'est accompli en Angleterre
en 1806. Un auteur anglais nous apprend qu'à
cette époque les malteurs de ce pays rejetaient
l'orge d'Ecosse dont ils ne voulaient à aucun prix.
Qu'est-il arrivé? C'est que les cultivateurs écos-
çais, mûs par la crainte de ne plus trouver l'écoulement de leurs orges, améliorèrent leur culture
au point qu'aujourd'hui l'orge d'Ecosse est vendue
au même prix que l'orge d'Angleterre.

Mais qu'entend-on par orge de premier choix,
vont nous demander nos lecteurs? Est-ce l'une
des variétés que vous indiquez à l'exclusion des
autres? Non, évidemment; car s'il en était ainsi,
les variétés répudiées ne se cultiveraient plus. A
quel signe pouvons-nous reconnaître une orge
propre par excellence à la fabrication de la bière?

Cette demande est parfaitement sensée, et la
réponse que nous pourrions y faire serait péremp-
toire, s'il ne fallait pas que le brasseur reconnût
la bonne orge dans le sac du cultivateur au marché
ou dans la main du facteur qui vient la lui vendre.
Nous pourrions, à la rigueur, nous borner à dire
que *la meilleure orge pour le brasseur est celle qui
germe le mieux.*

Il faut d'abord s'assurer que tous les grains
sont sensiblement égaux, parfaitement mûrs, de

la même espèce, du même crû et qu'ils n'ont pas été mouillés ou échauffés après la récolte.

C'est ordinairement parmi les plus petits grains que se trouvent les mauvais ; on les reconnaît en les brisant entre les dents, à leur apparence gélatineuse, après le mouillage et même après le maltage, auquel ils ne servent absolument à rien, quand ils ne sont pas même fort nuisibles.

Après cette première précaution prise, le brasseur en prendra une seconde. Il soumettra à la germination une certaine portion de l'orge achetée, et si cette germination s'accomplit dans les meilleures conditions, il pourra, sur cette expérience, compléter son approvisionnement en cette qualité.

L'approvisionnement d'une excellente qualité d'orge pourrait être complété par une opération précieuse que nous ne conseillerons à nos brasseurs d'accomplir qu'en leur recommandant d'y apporter les soins les plus minutieux.

Cette opération consiste à placer l'orge en monts peu élevés et à la remuer à la pelle assez souvent, ou même à passer l'orge à la touraille, chauffée à une chaleur douce, pour l'amener à un état complet de sécheresse, surtout quand c'est de l'orge nouvellement récoltée et qu'on veut la malter sans trop attendre.

### Des greniers d'approvisionnement.

Le grenier d'approvisionnement à orge doit être

assez spacieux, non-seulement pour séparer les différentes espèces, mais encore pour ne pas mélanger
les divers achats, puisque souvent déjà le même
cultivateur a des terrains variés qui produisent des
grains de qualités diverses. L'orge crue ou non
maltée demande d'être conservée à l'état sec, et
exige de fréquents pelletages, surtout quand elle
est nouvellement récoltée, afin de lui donner,
comme nous l'avons dit, une dessiccation complète
avant le mouillage. Il vaut toujours mieux la
mettre dans un grenier bien aéré, et en tas de peu
de hauteur.

Pour épargner le temps et la main-d'œuvre, on
l'amène directement, autant que possible, du grenier d'emmagasinage au vase-mouilloir au moyen
d'un conduit en bois.

Un classement des grains dont se compose un
lot d'orge est une opération importante dans une
brasserie bien tenue. Dans beaucoup d'établissements, on se contente de séparer les grains avortés
et légers des plus gras par une simple immersion
dans l'eau. Les grains légers ou morts surnagent
constamment; ceux qui n'ont qu'une densité médiocre surnagent aussi d'abord, soutenus qu'ils
sont par des bulles d'air, mais finissent par aller au
fond; quant aux grains lourds, ils se précipitent
immédiatement. Enlevant alors à la surface les
grains légers, on a une masse qui présente un peu
d'uniformité. Mais ultérieurement nous donnerons
la description d'appareils diviseurs et nettoyeurs

pour orge qui doivent être de beaucoup préférés à cette manière d'agir.

### De l'analyse de l'orge.

Avant de procéder à la description des manipulations auxquelles on soumet l'orge pour en fabriquer de la bière, il est indispensable de connaître la composition de cette céréale. Cette composition, en effet, nous servira de point de départ pour reconnaître et expliquer divers phénomènes, tant de l'ordre physique que de l'ordre chimique, qui se développent pendant le maltage, et à nous guider dans la conduite des opérations successives qui constituent cette préparation.

Beaucoup de chimistes se sont occupés de l'analyse de l'orge. Parmi eux on doit compter Einhof, Proust, Hermstaedt, Thomson, Krocker et Horsford, Ritthausen, Fehling et Faist, Sare, Polson, etc., Mais leurs analyses, peu d'accord entre elles, manquent aussi souvent de cette exactitude et de ce degré de précision qu'on apporte actuellement dans ces sortes de travaux. Nous nous bornerons donc à rapporter ici les résultats des analyses de l'orge qui ont été faites par M. Oudemans et par M. Stein, avec toutes les ressources que présente l'analyse chimique moderne.

### De l'analyse de l'orge faite par M. Oudemans.

M. Oudemans a analysé le grain d'orge entier

avec son enveloppe, ainsi que cela est nécessaire pour se rendre bien compte de la préparation de la bière, et voici quels ont été les résultats qu'il a obtenus en opérant, d'un côté, sur l'orge non desséchée, et de l'autre sur le grain après qu'il a été touraillé.

|  | Orge crue. | Orge touraillée. |
|---|---|---|
| Amidon . . . . . . . | 53,8 | 65,7 |
| Dextrine. . . . . . | 4,5 | 5,5 |
| Matières cellulaires . | 7,7 | 9,4 |
| — albuminoïdes | 9,7 | 11,8 |
| — grasses . . . | 2,1 | 2,5 |
| Subst⁵ inorganiques . | 2,5 | 3,1 |
| Eau . . . . . . . . | 18,1 | 0,0 |
| Autres substances. . | 1,6 | 2,0 |
|  | 100,0 | 100,0 |

## De l'analyse de l'orge faite par M. Stein.

Quant à l'analyse que M. le professeur Stein, de Dresde, a faite de l'orge crue, voici son résultat :

| | |
|---|---|
| Substances protéiques solubles . . | 1,258 |
| — — insolubles . | 10,928 |
| — cellulaires (en moyenne) | 19,854 |
| Dextrine . . . . . . . . . . . . . | 6,500 |
| Matière grasse. . . . . . . . . . | 3,556 |
| Cendres . . . . . . . . . . . . | 2,421 |
| Matières extractives. . . . . . . | 0,896 |
| Amidon en moyenne. . . . . . . | 54,282 |

Ces deux analyses diffèrent en plusieurs points

entre elles, notamment sous le rapport de la substance cellulaire et de l'amidon ; mais si de la substance cellulaire de M. Stein (19,854), on retranche les matières cellulaires de M. Oudemans (9,4), c'est-à-dire si on fait attention que 19,854 — 9,4 = 10,454, on trouve presque le chiffre (10,928) indiqué par M. Stein pour les substances protéiques (insolubles). De même, si à l'amidon de M. Stein (54,282), on ajoute les substances protéiques, on obtient 54,282 + 10,454 = 64,736, chiffre très-voisin de celui (65,7) de M. Oudemans.

Ajoutons que l'eau renfermée dans l'orge crue et avant sa dessiccation s'élèverait, suivant M. Stein, de 10,517 à 14,745 p. c., et, suivant M. Oudemans, à 18,1 p. c., différence qui s'explique par la dessiccation spontanée plus ou moins forte du grain à l'air, l'état hygrométrique de l'atmosphère, etc.

Avant d'aller plus loin, nous croyons aussi utile de faire connaître la composition des cendres de l'orge, c'est-à-dire des matières que l'orge crue laisse par son incinération. L'analyse de ces cendres a été faite par divers chimistes, tels que Bichon, Way, Ogston, Thomson, Erdman, Kœchlin, Veltman et Moesman. Parmi ces analyses, nous ne rapporterons que celles exécutées dans le laboratoire d'Utrecht par MM. Veltman et Moesman, comme offrant plus de garantie et établissant d'une manière positive la composition des cendres de l'orge.

Analyse des cendres d'orge.

|  | Veltman. | Moesman. |
|---|---|---|
| Potasse . . . . . . . . | 17,0 | 17,5 |
| Soude . . . . . . . . . | 5,9 | 6,3 |
| Chaux . . . . . . . . . | 2,7 | 3,1 |
| Magnésie . . . . . . . | 7,2 | 6,8 |
| Sesquioxyde de fer . . . | 0,5 | 0,5 |
| Acide phosphorique . . . | 30,3 | 31,0 |
| Acide sulfurique . . . . | 1,4 | 1,5 |
| Acide silicique insoluble | 7,1 ⎫ | 7,0 ⎫ |
| Acide silicique soluble | 26,0 ⎬ 33,1 | 26,7 ⎬ 33,7 |
| Chlore . . . . . . . . | 1,3 ⎭ | 1,3 ⎭ |

M. Mulder, dans son ouvrage sur la bière, fait observer que la composition de ces cendres est vraiment remarquable dans ces analyses, et que si on fait abstraction de la quantité d'acide silicique et de sesquioxyde de fer, on obtient en nombres ronds :

| | |
|---|---|
| Potasse . . . . . . . . | 17,0 |
| Soude . . . . . . . . . | 6,0 |
| Chaux . . . . . . . . . | 3,0 |
| Magnésie . . . . . . . | 7,0 |
| Acide sulfurique . | 1,4 |
| Chlore . . . . . . . . | 1,3 |
| Acide phosphorique . . | 30,0 |

Or, si on soustrait les quantités de potasse et de soude pour former du sulfate de potasse et du chlorure de sodium avec l'acide sulfurique et le chlore, on constate que toutes les bases trouvent dans les cendres d'orge la quantité d'acide phosphorique suffisante pour former des phosphates de potasse, de soude, de magnésie et de chaux. Seulement, il convient de faire remarquer que ces combinaisons salines ne préexistent pas dans le grain d'orge, mais uniquement dans les cendres, et que dans l'orge elle-même, l'acide phosphorique est en partie combiné avec les matières albuminoïdes, et qu'une autre partie est à l'état de phosphore qui forme un élément constituant des matières albuminoïdes. Enfin, que c'est dans l'incinération du grain que ce phosphore se transforme en acide phosphorique. Du reste, l'analyse des cendres relatée ci-dessus ne doit être considérée que comme un cas particulier et l'analyse des cendres d'orge d'une autre variété de ce grain, ou d'orge qui aurait végété sur un autre terrain et dans d'autres conditions climatériques, présenterait sans doute des proportions différentes entre les éléments constitutifs.

Connaissant maintenant les substances qui entrent dans la composition de l'orge crue, nous examinerons sommairement quelques-unes d'entre elles en particulier.

### De l'amidon.

L'amidon est une matière qui se présente sous la forme de granules et qu'on rencontre dans la plupart des végétaux, principalement dans les cé-

réales et dans les tubercules où il prend alors le
nom de fécule; mais ces granules n'offrent pas les
mêmes formes et les mêmes dimensions dans les
divers végétaux. Le plus généralement ils sont
arrondis, souvent ovoïdes, pyriformes et parfois
polyédriques, et composés de couches concen-
triques qui aboutissent toutes à un canal ou om-
bilic qu'on appelle hile qui sert à les alimenter.

L'amidon purifié avec soin est une matière
blanche, pulvérulente, inodore, insipide, tandis
qu'à l'état où on l'extrait des végétaux, il a une
saveur particulière, tantôt agréable, tantôt répu-
gnante, qu'il doit à des huiles essentielles qu'il
renferme naturellement. Lorsqu'il est convenablement desséché, il contient encore 12 pour cent
d'eau, mais peut en absorber bien davantage dans
une atmosphère humide.

Cette substance est insoluble dans l'éther, l'alcool et l'eau; mais si on la porte dans ce dernier
liquide à une certaine température, elle se gonfle
et se transforme en une gelée qui prend le nom
d'*empois*. Avec le temps elle absorbe l'oxygène de
l'air et forme de l'acide lactique.

Des dissolutions étendues d'alcalis et d'acides
font, à froid, gonfler l'amidon; mais si on chauffe
l'eau acidulée dans laquelle on a fait gonfler cet
amidon, on transforme celui-ci en une substance
nouvelle soluble à laquelle on a donné le nom de
*dextrine*, et qui, si l'on continue plus longtemps
l'action de la chaleur, se transforme en *glucose*,

deux substances qui jouent un rôle très-important dans la fabrication de la bière.

On transforme de même l'amidon en dextrine, puis en glucose, en le mettant à l'état d'empois étendu d'eau en contact, à la température de 60 à 70 degrés centigrades, avec une substance à laquelle on a donné le nom de *diastase*, ou plutôt un agent de transformation qui se produit pendant la germination de l'orge, et dont il sera question plus loin.

L'iode en présence de l'amidon se combine avec lui pour former un iodure d'amidon qui est d'un beau bleu et caractérise cette substance; ce n'est pas toutefois une combinaison véritable, mais une simple précipitation mécanique qui se décolore quand on fait bouillir avec l'eau.

**Des températures nécessaires pour transformer les granules d'amidon en empois.**

Les températures auxquelles les granules d'amidon se transforment en empois quand on les chauffe avec l'eau, varient avec la nature du produit qui les a formés; nous ne parlerons que des granules d'amidon de l'orge. Les températures suivantes sont celles qu'on a observées, la première au commencement de la transformation, la seconde quand celle-ci est complète.

|  | Commencement de la transformation. | Transformation complète. |
|---|---|---|
| Malt d'orge | 48°00 | 50°00 centig. |

L'analyse élémentaire de l'amidon aussi purifié qu'il est possible a donné les nombres suivants :

| | |
|---|---|
| Carbone | 44,77 |
| Hydrogène | 6,37 |
| Oxygène | 48,25 |
| Azote | 0,31 |
| Cendres | 0,30 |
| | 100,00 |

## De la dextrine.

La dextrine est une substance blanche, pulvérulente, insoluble dans l'alcool absolu, très-soluble tant à froid qu'à chaud dans l'eau, très-peu soluble dans l'alcool étendu d'eau. La dissolution de dextrine jouit d'une propriété physique de laquelle elle a emprunté son nom, et qui consiste à dévier à droite le plan de polarisation des rayons lumineux.

La dissolution de dextrine dans l'eau ou dans l'alcool affaibli est d'une transparence parfaite, mais devient comme un sirop si on la concentre. Lorsqu'on la dessèche peu à peu, elle prend l'apparence de la gomme, et on la rencontre souvent dans le commerce sous le nom de *gommeline* lorsqu'elle est sous cet état sec.

La dextrine peut être transformée en glucose de deux manières. D'abord en faisant chauffer sa dissolution à 75 ou 80 degrés centigrades et en y ajoutant en même temps de la substance qu'on appelle diastase. Pour réussir dans cette transformation, il ne faut pas dépasser la dernière température indiquée. En second lieu, on peut aussi la convertir en glucose en la faisant bouillir pendant un certain temps avec l'acide sulfurique.

### Des différents procédés de préparation de la dextrine.

On prépare la dextrine par plusieurs procédés, par exemple, en soumettant l'amidon à une chaleur modérée qui ne dépasse pas C0 degrés, ou bien en traitant la fécule par l'acide azotique ou l'acide lactique; mais le procédé qui nous intéresse le plus est la transformation de l'amidon de l'orge en dextrine au moyen de l'action d'un agent transformateur, qui est la diastase ou autre, parce que c'est le phénomène qui se produit dans la fabrication de la bière.

Pour préparer la dextrine au moyen de la substance équivoque dite diastase, on fait chauffer 400 parties d'eau jusqu'à 30 à 40 degrés centigrades, on y ajoute 5 parties de malt pulvérisé, et on élève peu à peu la température de l'eau à 60 degrés. Arrivé à cette température, on délaie dans l'eau 100 parties d'amidon qu'on ajoute à l'eau chargée de malt peu à peu et à mesure que cet amidon se délaie, et lorsqu'on a ajouté tout cet amidon, on porte la température de 70 à 75 degrés au plus; autrement, la diastase perdrait ses propriétés, et de temps à autre on lève un échantillon qu'on laisse refroidir et qu'on soumet à l'essai de l'eau iodée, afin de s'assurer si tout l'amidon a été transformé. S'il y a coloration en bleu, on continue à chauffer à la même température jusqu'à ce que l'iode ne colore plus la matière en bleu. Arrivé à ce point on porte à l'ébullition pour détruire les propriétés de la diastase qui transformerait la dextrine en glucose; mais de quelque manière qu'on opère, il est à peu près impossible d'obtenir une dextrine parfaitement pure et exempte d'amidon ou de glucose. Lors donc qu'on veut obtenir de la dextrine pure, on traite la dissolution par l'alcool à 90 degrés centésimaux, et on agite fortement pour bien opérer le mélange. L'alcool à ce titre, précipite tout l'amidon non transformé, ainsi que la dextrine, on filtre, on lave avec l'alcool pur, et après avoir fait sécher, on traite par l'eau froide qui ne dissout que la dextrine seule et que l'on précipite de nouveau par l'alcool. D'après les recherches de MM. Graham, Hoffmann et Redwood, il existe, entre la proportion centésimale d'une solution de dextrine et le poids spécifique ou le volume qu'elle indique, les rapports suivants :

| Proportion centésimale de dextrine | Poids spécifique. | Volume. |
| --- | --- | --- |
| 5 | 1,019 | 98,0 |
| 10 | 1,038 | 96,3 |
| 15 | 1,057 | 94,6 |
| 20 | 1,078 | 92,8 |
| 25 | 0,096 | 91,2 |

On considère la dextrine comme jouant un autre rôle très-important dans la fabrication de la bière, et on lui attribue la propriété d'être l'excipient des saveurs agréables que cette boisson communique au buveur; mais il est permis de douter que cette substance jouisse totalement en réalité de cette propriété.

### De la fibre végétale ou cellulose.

La fibre végétale ou cellulose se présente dans la nature sous un état plus ou moins aggrégé, et par suite avec des différences dans son aspect extérieur. A l'état pur, elle est blanche, un peu diaphane, insoluble dans l'eau, l'alcool, l'éther et les huiles, dans les acides dilués, ainsi que dans les dissolutions alcalines étendues. Traitée par l'acide sulfurique, elle se transforme en dextrine, puis en glucose. L'acide nitrique la transforme en pyroxyline, et la dissolution d'iode la colore en violet qui passe au bleu au contact de l'acide sulfurique. Du reste, la manière dont les différentes celluloses se comportent n'est pas toujours la même. Ainsi, il y a de la cellulose qui ne dissout pas la liqueur bleue qu'on prépare avec l'oxyde de cuivre et l'ammoniaque, et qui est cependant le seul dissolvant connu de cette matière, et qui ne se transforme pas en sucre sous l'influence du maltage. Il y en a une autre qui se dissout dans l'oxyde de cuivre ammoniacal et résiste à la saccharification, une troisième qu'on ne transforme en sucre qu'avec difficulté ; enfin une dernière, surtout celle des céréales, qui est presque gélatineuse, et lors de la germination devient soluble. Il y aurait de l'intérêt pour le brasseur à connaître les circonstances dans lesquelles, lors du maltage, la cellulose participe à la formation du sucre, et celles dans lesquelles on peut faciliter cette transformation ; mais on manque encore d'expériences à ce sujet.

## Des substances protéiques ou albumineuses.

On a donné le nom de substances protéiques à un ensemble ou mieux à un groupe de matières organiques qui, indépendamment du carbone, de l'hydrogène et de l'oxygène, renferment aussi de l'azote, et cela au taux moyen de 15 1/2 p. c., et dans lesquelles on rencontre du soufre et dans quelques-unes du phosphore ; qui répandent, quand on les brûle, une odeur semblable à celle des plumes et de la corne brûlées, et se décomposent très-aisément à raison de leur combinaison très-compliquée.

On suppose que ces substances doivent leur existence à un composé organique qui en forme la base, auquel on a donné le nom de *proténcine,* et dont la composition serait :

Carbone. . . . . . . . . . 36
Hydrogène . . . . . . . . 28
Azote . . . . . . . . . . . 4
Oxygène . . . . . . . . . 10

qui se combinerait tantôt avec le soufre, tantôt avec le phosphore.

On a assez généralement classé les substances albuminoïdes en matières solubles et en matières insolubles dans l'eau froide. Dans la première classe, on rangeait l'albumine végétale, et dans la seconde on comprenait, sous le nom de gluten, le mélange de celles insolubles.

Le gluten de bonne qualité est une matière d'un gris jaunâtre clair, d'une odeur fade, élastique et qui, quand on le fait sécher, perd environ les trois quarts de son poids. Il se dissout peu à peu dans l'eau contenant 2 millièmes d'acide chlorhydrique, et sa dissolution filtrée se comporte comme celle de l'albumine. L'acide acétique le dissout en formant une solution trouble difficile à filtrer, et qui, quand on y ajoute de l'ammoniaque, laisse précipiter le gluten. La potasse caustique en dissolution étendue le dissout aussi, et un acide l'en précipite en flocons.

On obtient le gluten des céréales en faisant avec leur farine une pâte solide homogène qu'on malaxe sous un filet d'eau au-dessus d'un tamis qui retient les parcelles de gluten, qui le sépare et laisse passer l'amidon. Au bout d'un certain temps, il reste dans la main la matière jaune élastique qui constitue le gluten.

## Des substances albumineuses solubles dans l'eau.

Examinons de plus près les substances albumineuses et commençons par celles solubles dans l'eau qui en sont précipitées par l'acide tannique, le chlorure de mercure et le cyanoferrure jaune de potasse.

L'*albumine végétale* est un corps protéique qui se sépare et se coagule au sein de ses solutions claires et diffère, d'après M. Mulder, de l'albumine animale, de l'œuf des oiseaux, par exemple, par la manière dont elle se comporte vis à vis de certains réactifs. Ce chimiste évalue la quantité de cette albumine dans le grain d'orge, indépendamment de celle dissoute dans un acide encore inconnu contenu dans ce grain, à 0,28 pour cent.

On obtient une autre albumine avec un extrait du grain brut de céréale où l'on a saturé l'acide par l'ammoniaque qu'on chauffe, et au sein duquel elle se coagule. Cette albumine entre environ pour 1,55 pour 100 dans le grain.

Une albumine végétale soluble qu'on extrait du malt d'orge, qui diffère de la précédente, est précipitée par le chlorure de mercure, qui est peut-être celle qu'on appelle diastase et qu'on peut évaluer à 0,73 pour cent.

## Des substances albumineuses insolubles dans l'eau.

Passons maintenant aux substances albumineuses insolubles dans l'eau et disons que si on fait bouillir la matière élastique et poisseuse à laquelle on a donné le nom de gluten, dans l'alcool concentré, il y en a une portion qui s'y dissout, et un résidu dur et non élastique, qui recouvre son élasticité quand on le plonge dans l'eau et qu'on renouvelle celle-ci jusqu'à ce qu'on ait entraîné tout l'alcool. Cette matière, redevenue ainsi élastique, mais qui a cessé d'être poisseuse, est la glutine.

La *glutine* est soluble dans l'alcool, et après l'évaporation de celui-ci, se présente à l'état humide sous la forme d'une masse poisseuse, et quand elle est sèche sous celle d'une masse amorphe, jaune et translucide. La glutine est insoluble dans l'eau froide, mais elle se dissout dans l'eau chaude et dans le moût de bière. Si on laisse un moût même filtré clair se refroidir, il se forme au bout de quelque temps sur le fond un dépôt poisseux qui est de la glutine, et suivant M. Habich, ce dépôt de glutine est encore plus abondant quand le glucose dans ce moût n'en tient pas la plus grande portion en solution, de façon qu'une addition de glucose est un moyen pour maintenir un moût suffisamment clair après son refroidissement. La glutine est précipitée de ses solutions par l'acide tannique.

### Des matières grasses de l'orge.

La matière grasse de l'orge, de même que celle

du malt, présente à la température ordinaire, suivant M. Stein, la consistance de la poix, mais par le repos, il s'en sépare une matière grasse concrète, grenue, et il reste une matière grasse fluide.

Cette matière grasse de l'orge est ordinairement de couleur jaune, brunâtre ou jaune-rougeâtre; extraite à froid du malt, les premières dissolutions la donnant verdâtre, les suivantes jaune-brunâtre, et les dernières jaune pur. M. Wagner a même réussi à l'obtenir incolore.

Ces matières ont toutes deux une saveur aigrelette plus forte pour celles de l'orge que pour celles du malt, et d'une odeur qui rappelle celle des tas d'orge en état de germination que l'on réchauffe avec de l'eau et analogue à l'odeur de l'éther butyrique.

Les deux matières grasses sont en grande partie solubles dans l'alcool à 98 degrés centésimaux, et celle de l'orge crue abandonne 11,3 p. c. de sa substance à ce liquide. Elles renferment toutes deux des acides gras libres, tant concrets que liquides, et M. Knapp a constaté qu'elles contenaient du phosphore et de l'azote.

### De l'extrait par le mouillage.

L'eau avec laquelle on mouille le grain pour l'humecter et y déterminer les phénomènes de la végétation, contient une certaine quantité de matière qu'elle a enlevée au grain. Ces dissolutions, quand on les évapore ou seulement qu'on les expose à l'air, prennent une couleur jaune plus ou moins foncée et qui passe même au brun. Les résidus de cette évaporation auxquels on a donné le nom d'extraits ont été fort peu étudiés jusqu'ici.

L'eau de trempage de l'orge a une couleur jaune et une odeur qui rappelle celle de la paille humide, couleur qu'elle a empruntée à l'enveloppe du grain dont la teinte pâlit. Plus cette enveloppe est épaisse, plus l'eau est colorée et c'est l'orge à six rangs qui donne le liquide le plus chargé en couleur.

En évaporant cette eau, on obtient une substance jaune d'une saveur amère, désagréable et un peu piquante. La couleur provient, à ce qu'on croit, de la matière colorante ou extraction de l'enveloppe et celle amère de l'amande farineuse, puisqu'on la retrouve dans l'orge perlé et le gruau.

On pourrait en conclure que dans l'emploi de l'orge crue ou brute à la fabrication de la bière, cette matière amère peut par sa saveur nuire à la délicatesse de cette boisson, et qu'il conviendrait de faire macérer préalablement le grain dans une eau qu'on évacuerait pour la remplacer par d'autre ; mais M. Habich affirme que, d'après ses expériences, la saveur agréable de la bière n'est nullement compromise par l'emploi de l'orge brute sans toutefois être en mesure de décider si cette substance qu'on redoute est ou non décomposée pendant le brassage ou la fermentation.

D'un autre coté, on obtient aussi un extrait en traitant l'orge par l'alcool bouillant et en opérant sur le grain cru. Voici les résultats que MM. Oudemans et Stein, en épuisant l'orge par l'eau et par l'alcool, ont obtenu sur 100 parties :

|  | M. Stein. | M. Oudemans. |
|---|---|---|
| Extrait aqueux, | 8,654 | 8,5 |
| — alcoolique, | 1,236 | 0,8 |
|  | 9,890 | 9,3 |

### De la matière colorante et odorante de l'orge.

L'orge renferme aussi, comme toutes les espèces de grains, une matière colorante jaune qu'on parvient à extraire par l'alcool et qu'on n'a pas encore suffisamment étudiée.

Ce grain contient aussi une petite quantité de matière odorante identique à celle qu'on trouve dans le malt vert et qui, d'après M. Stein, peut par des manipulations convenables, être extraite sous la forme d'un résidu blanchâtre formé de flocons amorphes possédant l'odeur indiquée à un tel degré qu'elle est insupportable

### De la diastase.

Nous avons dit que pendant la germination de

l'orge, il se développe un agent qui transforme la matière amylacée du grain, d'abord en dextrine, puis en glucose. MM. Payen et Persoz ont cru être parvenus à isoler cette substance et lui ont donné le nom de *diastase*.

La diastase de MM. Payen et Persoz est une substance azotée albumineuse qui jouit de la propriété bien remarquable de transformer l'amidon en dextrine et en glucose, et qui se produit près de la plumule des céréales et de la plupart des grains ou de tubercules amylacés lors de la germination.

Son rôle dans la germination consiste donc, suivant ces chimistes, à transformer l'amidon, que renferment les substances amylacées et qui est insoluble dans l'eau, en une autre substance, dextrine ou glucose, matières utiles, solubles et propres à servir à l'alimentation de la jeune plante jusqu'à ce que la radicelle et la plumule, ou les feuilles de celle-ci, en se développant, soient en état de puiser leur nourriture dans la terre et dans l'air.

La diastase est insoluble dans l'alcool, mais soluble dans l'eau et incristallisable.

### De la préparation de la diastase.

« Pour préparer la diastase, on fait, suivant M. Payen, autant que possible usage d'orge de la dernière récolte, d'une même variété, soumise à

une germination régulière, en évitant les causes
du développement des végétations cryptogami-
ques qui ne manqueraient pas d'envahir les grains
détériorés privés de la faculté germinatrice.

« Lorsque la germination est parvenue au point
convenable, c'est-à-dire dès que presque tous les
grains montrent la plumule ou gemmule régulièrement avancée sous le péricarpe jusqu'à une
longueur égale à celle du fruit, il faut se hâter
d'effectuer la dessiccation à l'aide d'un courant
d'air chaud dont la température ne dépasse pas
45 à 50 degrés centigrades dans aucune de ses
parties.

« Lorsque les radicelles sont desséchées au
point d'être toutes devenues friables, on les élimine, après avoir séparé les grains qui n'ont pas
manifesté les signes de la germination (1).

« L'orge germée ainsi obtenue et réduite en
poudre grossière, puis macérée pendant une ou
deux heures dans environ deux fois son volume
d'eau à la température de 30 degrés centigrades,
on doit alors extraire promptement du mélange
la solution aqueuse limpide par la pression et la
filtration au travers d'un filtre lavé encore tout

(1) On simplifie beaucoup cette opération en choi-
sissant dans le germoir l'orge régulièrement germée,
surtout en mars, avril et mai, en la faisant dessécher,
éliminant les radicelles, etc.

humide. Le liquide obtenu est alors chauffé à 70 degrés environ dans un bain-marie d'eau dont la température est élevée et maintenue à 75 degrés au plus.

« Dès que les substances albumineuses sont suffisamment coagulées, on filtre le liquide avec les mêmes soins que la première fois. La solution limpide est aussitôt soumise au traitement ci-après. On y verse de l'alcool en agitant, afin d'éviter que le réactif ne se trouve en excès successivement dans toutes les parties où il tombe directement, car l'excès d'alcool pourrait amoindrir ou même paralyser l'énergie de la diastase. Par la même raison, il convient d'éviter de faire usage d'alcool anhydre. En tout cas, une seule précipitation peut suffire.

« La diastase est recueillie sur un filtre, on l'enlève encore humide pour l'étendre aussitôt sur une lame de verre ou de porcelaine, et la dessécher à basse température dans le vide ou par un courant d'air; enfin on la pulvérise. »

Ainsi préparée, la diastase dissout et transforme partiellement en glucose 2,000 fois son poids d'amidon; mais ce n'est sans doute pas encore la limite de son pouvoir.

La diastase n'existe qu'en très-faible quantité dans l'orge crue, on ne l'évalue pas à plus de 1 à 2 millièmes.

Quoi qu'il en soit, il paraît évident que, par

le mode de préparation qu'on vient de décrire, on n'obtient pas un corps pur, mais une substance souillée par de la dextrine qui, par elle-même ainsi souillée, paraît encore assez énergique pour transformer 2,000 fois son poids d'amidon en dextrine, propriété qu'elle perd promptement quand on l'abandonne à l'état humide ou quand on la porte à l'ébullition.

Quant aux proportions de glucose directement produites par la réaction de la diastase sur l'amidon, elle a donné lieu à des recherches qui peuvent intéresser le brasseur et que nous allons résumer.

Dans un mémoire présenté à l'Académie des sciences, en 1865, M. F. Musculus avait cru pouvoir établir, dès 1860, les trois conclusions suivantes :

1° La diastase n'agit pas directement sur la dextrine;

2° La diastase, par son action sur l'amidon, produit du glucose et de la dextrine dans le même rapport, à savoir, 1 partie de glucose et 2 parties de dextrine;

3° Dans la fabrication de l'alcool avec le grain, où l'on opère la formation du sucre au moyen de l'orge germée, il est impossible d'éviter une perte des 2/3 sur cette dernière.

Ces conclusions ont paru en contradiction avec les résultats obtenus antérieurement par plusieurs observateurs et en particulier avec les recherches expérimentales de M. Payen qui, en conséquence, a répété ces recherches et est parvenu à démontrer de la manière la plus certaine.

1° Que la diastase agit sur la dextrine et peut la convertir en partie en glucose;

2° Que la diastase, tout en réagissant sur l'amidon, peut produire de la dextrine et du glucose dans des rapports variables, suivant les circonstances, entre les limites de 17 à 50, et même plus de glucose pour cent du produit total;

3° Que dans la fabrication de l'eau-de-vie ou du genièvre avec le grain, tout l'amidon, à quelques centièmes près, peut être converti peu à peu en glucose et en alcool.

Ce dernier point a été du reste confirmé expérimentalement par les résultats obtenus par les plus habiles distillateurs de grains.

Quelques autres points encore restés obscurs de cette théorie ont déterminé M. Payen à reprendre la question expérimentalement, et voici les conclusions définitives de ses recherches :

1° La diastase transforme la dextrine en glucose;

2° Cette action éprouve une perturbation par la présence du glucose, mais reprend son activité quand on élimine ce glucose;

3° Quand le glucose est transformé en alcool

par la fermentation, et par conséquent lorsque la
formation du sucre avec la dextrine n'éprouve
plus d'obstacle, l'action de la diastase se prolonge.
On peut ainsi, au lieu d'une perte de 66 pour cent
en matière amylacée dans la fabrication de l'alcool de grain, arriver à ce que la totalité de l'amidon se transforme peu à peu, à quelques centièmes
près, en sucre, en alcool et leurs produits secon-
daires ;

4° Quand on laisse réagir la diastase sur l'amidon dans des circonstances favorables, on peut
non-seulement obtenir plus de **33** pour cent de
glucose; mais même au delà de **50** pour cent.

## De la maltine.

Tel était l'état de nos connaissances sur le
principe actif contenu dans l'orge ou la diastase
et son action, lorsque M. Dubrunfaut a présenté,
en 1868, une note sur une matière azotée, qu'on
trouve dans le malt, plus active que la diastase, et
sa préparation économique applicable à l'industrie; nous reproduisons ici cette note d'un haut
intérêt pour les brasseurs et les distillateurs.

« Le produit actif que nous avons réussi à
isoler, dit M. Dubrunfaut, n'est probablement pas
encore amené à un état de pureté absolue, mais
il diffère assez, par ses caractères physiques et
chimiques, de la diastase pour que nous ayons cru
avoir le droit de lui imposer un nom nouveau qui

nous paraît plus conforme à sa constitution chimique, à ses propriétés et à l'esprit de la nomenclature : nous le nommons *maltine* pour rappeler son origine et la propriété qu'il possède de former une combinaison insoluble avec l'acide tannique dans laquelle il conserve d'une manière remarquable ses propriétés actives.

« La maltine, essayée comparativement avec la diastase pure préparée suivant les prescriptions de MM. Payen et Persoz, possède une puissance active infiniment supérieure, et nos analyses ont établi que la bonne orge germée des brasseurs n'en contient pas moins d'un centième, ce qui représente une quantité au moins décuple de celle qui est utile à la bonne confection de la bière. On pourrait donc recueillir économiquement par nos procédés les 7/10 de la maltine qui est contenue dans le malt employé par les brasseurs, et cette matière, ainsi conquise à l'industrie et au commerce, pourrait trouver d'immenses et utiles applications dans les glucoseries, etc., etc.

« Si, après avoir isolé la maltine d'une infusion d'orge à l'aide de deux volumes d'alcool à 90 degrés, on traite la solution alcoolique par de l'alcool jusqu'à refus de précipité, ainsi que le prescrivaient MM. Payen et Persoz pour la préparation de la diastase, on obtient un précipité abondant d'un nouveau produit bien distinct, par sa nature et ses propriétés, des produits précédemment obtenus. Ce produit, au lieu d'affecter

la forme floconneuse de la diastase, se présente
sous une forme sirupeuse en adhérant aux vases
dans lesquels il se recueille. Il est soluble en
toutes proportions dans l'eau, il est optiquement
neutre, il ne contient que 3 à 4 centièmes d'azote,
et son action sur l'empois d'amidon correspond
à celle qui a été attribué à la diastase; il pourrait
liquéfier environ deux mille fois son poids d'amidon empesé, dans les conditions où la maltine peut
en liquéfier de cent à deux cent mille fois. Ce
produit ne paraît donc devoir son activité qu'à la
présence d'une faible proportion de maltine.

« 1,000 parties du malt qui a servi à nos expériences nous ont donné, pour un extrait épuisé à
froid :

« 5 de matière azotée inactive, séparable par
la chaleur;

« 10 de matière brute fort active;

« 15 de matière optiquement neutre, active sur
l'amidon à la manière de la diastase.

« Les traitements alcooliques énergiques, pratiqués dans les conditions prescrites par MM.
Payen et Persoz pour l'épuration de la diastase,
nous ont paru altérer profondément la constitution et les propriétés actives de la maltine, de
sorte que nous sommes autorisé à croire que la
diastase épurée et presque privée d'azote, telle
qu'elle a été décrite originairement, n'était qu'un

produit de la matière active du malt altérée par les procédés employés pour sa préparation.

« Nous croyons avoir constaté la présence de la maltine dans toutes les graines céréales crues et dans les eaux potables des fleuves et des rivières. Elle ne paraît pas exister dans les eaux de puits de Paris. »

### De la préparation de la maltine.

On peut préparer aisément et à peu de frais la maltine dans les distilleries et les brasseries par le moyen suivant :

Il faut travailler le malt dans une cuve à la température ordinaire ou au plus à 30 degrés avec quatre à cinq fois la quantité d'eau, et décanter, au bout d'une heure environ, la liqueur devenue claire. On répète cette macération avec la même quantité d'eau et on décante au bout d'une demi-heure.

Les liqueurs ainsi obtenues sont versées dans un vase particulier et traitées par des affusions d'écorce de tan, de sumac ou autres astringents. Après avoir laissé reposer suffisamment de temps, on remplit un sac de toile épaisse avec le précipité, et on le soumet dans une presse à levier à une pression énergique, mais graduée lentement, comme on fait pour la levûre, puis le produit est séché à basse température.

Le résidu qui est resté dans la cuve doit être

traité par l'eau à 65 ou 66 degrés centigrades pour utiliser la fécule qu'il renferme, et de cette manière on obtiendra, pour les distilleries et les brasseries ou les fabriques de sucre, un extrait suffisamment riche en maltine.

Du reste, on pourrait aussi traiter directement le malt par l'eau bouillante, de façon que la fécule fût transformée en empois à 70 degrés centigrades environ; alors on abaisserait la température à 50 degrés par une addition d'eau froide, puis on ajouterait 1 pour cent de malt en farine fine ou 1/10000 de maltine, puis on procéderait à la manière ordinaire.

Veut-on préparer la maltine avec l'alcool, il faut pétrir le malt avec moins d'eau, puis le presser à plusieurs reprises, passer le liquide qui s'écoule à travers une toile serrée ou à un filtre de Taylor, traiter par trois volumes d'alcool à 90 degrés centésimaux pour précipiter la maltine et faire sécher celle-ci. On peut distiller l'alcool du liquide et mettre le résidu en fermentation, afin de couvrir les pertes inévitables en alcool. Ce mode de préparation de la maltine ne s'applique du reste qu'aux distilleries et fabriques d'esprits.

La proportion de la maltine dans le malt s'élève au moins à 1 pour cent, c'est-à-dire à cent fois plus qu'il n'en faut pour fluidifier l'empois contenu dans ce malt.

## DU MALTAGE.

La préparation du malt est le premier travail et la base fondamentale du succès de la fabrication de la bière. Elle a pour but d'éveiller, par l'humidité, une chaleur convenable et la présence de l'oxygène de l'air, la force vitale du grain assoupie, et de la faire agir jusqu'à un certain point en l'interrompant ensuite promptement, quand la transformation du grain qu'on se propose a été obtenue. La transformation effectuée par la germination artificielle, consiste en ce qu'on augmente la force saccharifiante que possède le grain, en la transformant en diastase agissant sur l'amidon, qui est changé d'abord en dextrine, puis en sucre auquel on a donné le nom de glucose, que la marche ultérieure des opérations convertit en partie en alcool. Quoique le maltage soit une science si nécessaire pour la fabrication de la bière, il n'a été pour ainsi dire pratiqué jusqu'aujourd'hui que mécaniquement ou par routine. Peu de malteurs se donnent la peine de rechercher les causes et croient qu'il leur suffit de connaître les effets, d'où il résulte tant de méthodes diverses et si dissemblables mises en usage.

Le maltage se divise en trois opérations distinctes, qui sont :

1° Le mouillage; 2° la germination artificielle; 3° la dessiccation ou le touraillage.

## Du vase-mouilloir.

L'appareil dans lequel s'opère le mouillage ou trempage de l'orge, s'appelle *cuve-mouilloire*. C'est une grande cuve en bois ronde ou carrée, ou bien une citerne en maçonnerie de briques ou de pierres, parfaitement cimentée à son intérieur, ou même en ciment romain.

Les bacs en pierre ont un avantage, c'est que l'eau de mouillage s'y maintient plus longtemps fraîche, ce qui est convenable en ce que l'orge a une température moins élevée lors de l'arrivée du grain dans le germoir. C'est une considération à laquelle on doit avoir égard dans l'industrie.

Pour tremper le grain, on se sert aussi aujourd'hui, dans beaucoup de localités en Allemagne, de cuves en fer qu'il est facile de maintenir propres et en bon état.

La capacité des cuves ou bacs mouilloirs se règle d'après la quantité d'orge qu'on veut mouiller à la fois, en tenant compte toutefois de l'augmentation de volume que le grain éprouve par l'absorption de l'eau. Cette augmentation de volume est d'environ un cinquième, de façon que, pour mouiller un hectolitre ou 100 litres d'orge, il faut donner à la cuve une capacité de 120 litres, sans compter que le grain doit en outre être toujours recouvert par de l'eau.

Si on prend l'orge au poids, il faut, par 100 k. de grain, une capacité de cuve de 190 litres.

L'expérience a démontré que l'orge, qui est

parvenue au degré précis de mouillage, a absorbé 40 à 50 p. c. de son poids d'eau, et que c'est le grain de la moindre qualité qui en absorbe le plus.

La cuve-mouilloire doit présenter sur son fond une ouverture sur laquelle on adapte un robinet (ou une broche) devant lequel on dispose un grillage ou un tamis et même simplement un balai placé intérieurement sur lequel on assied une pierre pour le faire rester au fond. Cette disposition a pour objet de pouvoir faire écouler l'eau quand il est nécessaire sans qu'il s'échappe du grain.

## Du meilleur emplacement du vase-mouilloir.

Le meilleur local pour placer la cuve-mouilloire, c'est dans le germoir, de manière à pouvoir y faire arriver et écouler l'eau avec facilité, et qu'on puisse, avec très-peu de main-d'œuvre, y verser le grain, puis en faire évacuer l'orge gonflée dans le germoir. Une cave assez profonde pour conserver la même température ou à peu près, en toute saison, est le meilleur emplacement du bac-mouilloir, mais ce local est loin de donner toutes les facilités désirables pour l'écoulement de l'eau de mouillage. La température de l'eau ne devant pas, quand il est possible, dépasser 12 à 15 degrés centigrades, il est donc très-important de placer, autant que faire ce peut, ce vase-mouilloir dans une place tempérée qui sert de ger-

moir (1) et en même temps ces cuves à tremper
en pierre méritent déjà, pour cette raison la
préférence, parce que l'eau s'y conserve plus
fraîche que dans les autres. Le mouillage de l'orge
y dure plus longtemps, il est vrai, mais elles peuvent être entretenues beaucoup plus facilement
propres que les cuves en bois et en maçonnerie.

## Des soins à prendre avant le mouillage.

Avant de procéder au mouillage, il convient
pour un bon maltage, de trier, d'assortir et même
de nettoyer le grain.

Un nettoyage avec soin et l'enlèvement de
toutes les graines nuisibles, des mauvaises herbes,
des lentillons, des vesces, des ails sauvages, etc.,
n'est pas la seule précaution dont il faut se préoc-
cuper; l'orge elle-même doit, suivant sa grosseur
et le développement qu'elle a acquis, être triée à
l'aide de machines et d'appareils, afin de ne traiter
en même temps que des grains de même volume,
ou mieux encore de même poids.

Ce n'est que sous cette condition, les influences
étant supposées les mêmes, qu'on peut espérer une
germination bien identique dans tous les grains.

(1) Il y a des brasseurs qui ont leurs cuves-mouilloires placées dans des greniers; mais comment peu-
vent-ils faire germer à froid, si pendant le mouillage,
le grain a déjà reçu une chaleur fort élevée, comme cela
arrive immanquablement pendant les temps chauds?

Sous le rapport du nettoyage, on doit encore considérer, comme une opération utile, un lavage de l'orge avant le mouillage. L'expérience montre qu'on peut séparer de cette manière une quantité assez considérable d'impuretés d'un grain propre en apparence. Ces impuretés, qui influent sur la faveur agréable de la bière, ne sont pas, comme on le croit généralement, éliminées par le changement des eaux de lavage, il faut y ajouter des froissements, des mouvements du grain dans l'eau, qu'on obtient à l'aide de quelque disposition mécanique fort simple. Dans certains endroits, après que l'orge est restée quelques heures sous l'eau, on la passe à travers le même appareil que celui qui sert à laver le noir des sucreries, et le succès obtenu a justifié pleinement cette manipulation.

### Des tarares et des blutoirs, etc.

On fait souvent usage, pour nettoyer l'orge et la débarrasser des pierres, de la poussière et des menues graines, des tarares employés en agriculture; mais on se sert aussi pour cet objet de blutoirs ou cylindres en toiles métalliques qu'on dispose sous un certain angle. Chacune des subdivisions de ce cylindre est entourée d'une toile métallique d'un numéro de plus en plus fin à partir de l'extrémité la plus élevée du cylindre, et à l'intérieur de celui-ci est une brosse en hélice qui sert à transporter en avant, à frotter le grain et à le traîner sur les toiles métalliques au travers desquelles passent et s'échappent les malpropretés. Le grain nettoyé est reçu, au sortir de la partie inférieure du cylindre, dans des récipients où on l'enlève.

Pour classer les grains d'orge suivant leur volume, on fait usage d'un moulin diviseur établi sur le même principe que le blutoir, excepté que les toiles métalliques sont choisies de manière à ne laisser passer que des grains d'un certain volume. L'hélice dont est armé l'arbre intérieur, amenant successivement les grains sur les toiles métalliques des divers numéros, ces grains continuent leur chemin, ou bien, si leur grosseur le permet, s'échappent à travers la maille du numéro de toile qui lui convient, et tombent dans des récipients placés en dessous. Des brosses rotatives extérieures maintiennent la maille toujours propre.

Assez généralement on ne fait que trois numéros de grains. Ceux les plus gros et les plus pleins servent à faire les bières fortes ou de garde, ceux du numéro suivant, à fabriquer les bières légères ou jeunes ou courantes. Quant à ceux du troisème numéro, on les donne assez souvent aux bestiaux ou à la volaille.

### Du tarare Waraksine.

Ce petit appareil, habilement disposé, exécute la division des grains d'après leur pesanteur. Basé sur l'effet produit par le déplacement réglé d'un courant d'air devant lequel tombent verticalement les grains à séparer : les grains les plus lourds tombent perpendiculairement sur un plan incliné qui les projette à l'avant de la machine; les grains moins lourds reçoivent par l'action du courant d'air une impulsion suivant une courbe déterminée et sont réservés au centre de l'appareil; enfin les grains les plus légers, les impuretés, sont projetés à la partie antérieure du système disposé de manière qu'aucune des catégories ne puisse se mélanger. On trouve cet appareil à Paris, chez les fabricants de tarares.

### D'un appareil pour classer les orges en quatre catégories au lieu de trois.

Cette machine est d'une très-grande importance dans les malteries pour la préparation des orges; elle tranche la grande difficulté éprouvée de tout temps dans leur germination par la différence de qualité existant entre chaque grain. On sait que lorsqu'un grain est nourri et vigoureux, sa germination marche dans de meilleures conditions que celle d'un grain chétif, quand même ils auraient un volume égal, d'où il résulte que pour atteindre la germination des grains tardifs, le germe des autres prend un trop grand développement qui leur fait perdre une partie de leurs substances utiles; si le cas inverse se produit, c'est-à-dire si l'on arrête à point la germination des bons grains, le germe des grains chétifs étant trop en retard, nuit à la qualité et à la limpidité de la bière.

Comme le principe de cette machine est d'agir, non-seulement sur le volume des grains, mais encore sur leur poids spécifique en les classant en quatre catégories bien distinctes, on fait germer ces diverses qualités séparément pour fabriquer des bières différentes, depuis les bières les plus fortes ou de garde, jusqu'aux bières les plus légères ou les plus faibles, et on évite ainsi l'inconvénient précité.

Du reste, le succès est consacré par plusieurs de ces machines fonctionnant dans les plus importantes malteries.

S'adresser à M. Dufour, constructeur-mécanicien, à Dijon (Côte-d'Or).

## De l'appareil de lavage usité dans les grands établissements.

Dans les grands établissements de conservation des grains et de moûture, on se sert, pour laver les grains, d'un appareil fort simple et très-efficace. Cet appareil se compose d'une sorte de tonneau ouvert par le haut et de forme conique dans le bas. A la pointe du cône est placée une soupape fermant de haut en bas et surmontée d'une toile métallique.

Pour laver le grain, on refoule par la soupape et avec une pompe, de l'eau dans le tonneau jusqu'à ce que le liquide recouvre tout le grain. Cette eau fait aussitôt remonter à la surface les grains avariés et légers, les balles et autres matières spécifiquement légères qu'on enlève avec une pelle ou une poche ; puis on ouvre la soupape et on fait écouler l'eau qui entraîne la poussière siliceuse qui entourait le grain. Si ce premier lavage ne suffit pas pour donner un grain bien pur, on en fait un second et un troisième jusqu'à ce qu'on ait obtenu le but désiré.

### Contre la moisissure des grains.

Il arrive parfois, dans les années humides ou quand on n'a pas pris les soins de conservation convenables, que les grains contractent de la moisissure. Si on employait les grains ainsi chancis à la fabrication de la bière, celle-ci acquerrait sans aucun doute une saveur désagréable et serait de plus exposée à une décomposition plus rapide; on doit donc, autant que possible, ne pas employer au mouillage, des grains attaqués de moisissure, mais il est des circonstances où l'on est bien forcé d'utiliser ces grains qu'on ne doit pas en conséquence rejeter d'une manière absolue.

Pour utiliser les grains moisis, il n'y a au maltage qu'à les mélanger avec du charbon en poudre qui non-seulement les débarrasse de toute saveur de moisi, mais s'oppose en outre au développement, pendant la mise en tas, du cryptogame qui est la cause ou l'effet de la moisissure.

On a conseillé aussi pour cet objet l'emploi de la chaux qui en effet détruit le cryptogame, mais

qui d'un autre côté porte atteinte à la faculté germinative du grain.

## De l'eau pour le mouillage, etc.

L'eau, considérée comme un besoin de la vie,
ne reçoit, en général, que deux dénominations distinctes, celles d'eau dure (1) et d'eau douce. Quoiqu'il ne soit pas toujours possible au brasseur de
faire un choix de l'eau à employer, cependant la
distinction que nous venons de faire peut être utile
à ceux qui ont les deux espèces : le détail de leurs
propriétés et de leurs usages dans l'art de malter
et même de brasser, les mettra à même de les
employer judicieusement.

L'eau dure est celle qui est fortement imprégnée de particules terrestres ou minérales ; on la
reconnaît à l'épreuve du savon qu'elle ne fait pas
aisément mousser ; elle caillebotte ou coagule les
parties sans les dissoudre, et elle est moins propre
aux usages domestiques. Elle est beaucoup plus
pesante que l'eau douce, ce qui diminue considérablement sa propriété dissolvante.

L'eau douce est celle qui est moins chargée de
parties terrestres ou minérales, par conséquent,
moins pesante, plus pure et d'un goût plus simple :

(1) Les Anglais l'appellent HARD WATER, eau dure.
Il ne faut pas la confondre avec l'eau somache qui se
trouve dans les endroits voisins de la mer, et qu'ils
désignent par les mots BRACKISH WATER.

ces qualités la rendant plus propre à s'infiltrer dans les pores du grain et à dissoudre ces parties des matières qui cèdent à l'impression du liquide moins composé.

La légèreté de l'eau est un signe de sa pureté, aussi l'eau distillée peut-elle seule prétendre à un certain degré essentiel de perfection à cet égard. L'eau de pluie est la plus pure de toutes les eaux naturelles; cependant, elle participe jusqu'à un certain point des qualités de l'eau de rivière ou de réservoir, parce qu'elle s'imprègne, en tombant, des particules végétales qui s'évaporent continuellement, et des autres substances déliées qui flottent dans l'atmosphère. L'eau des rivières qui ont leur cours à travers des terrains marécageux, se charge abondamment de décompositions végétales qui lui communiquent une quantité de matières *fermentables;* et la rendent propre à fournir une plus grande quantité d'*esprits;* mais en même temps, la disposent tellement à acquérir une qualité acide, qu'il est très-difficile de prévenir cet inconvénient; il est plus à craindre vers la fin de l'été que dans aucun autre temps de l'année, parce que les substances végétales étant alors dans un état de dépérissement, elles communiquent plutôt leurs qualités pernicieuses à l'eau qui les lave.

La raison nous apprend donc que l'eau imprégnée de particules terrestres ou minérales doit être plus dure que celle chargée de particules végétales, et l'expérience nous le confirme. C'est pourquoi, nous recommandons aux brasseurs qui ont la faculté de choisir leur eau, d'employer celle qui est douce au palais, sans saveur, sans odeur et sans couleur, parce qu'elle est plus propre à recevoir et à retenir ces qualités que le brasseur veut par ses opérations lui communiquer et lui faire conserver.

### Des effets de l'eau sur la germination.

Si nous voulions rechercher les causes pour lesquelles la même orge, soumise à des manipulations semblables, produit en différents cas une portion inégale de matière sucrine, nous trouverions, peut-être, que cela dépend principalement des qualités différentes de l'eau dont on se sert pour préparer le malt.

L'eau dure est très-peu propre aux différentes fins de la végétation et par conséquent de la germination artificielle, et les effets de l'eau douce varient selon la qualité prédominante des matières dont elle est imprégnée.

L'eau pure est en elle-même regardée comme le seul véhicule des parties nutritives des végétaux; elle s'y insinue par les tubes capillaires des racines et y dépose ses propriétés; ensuite, passant jusqu'à la surface par un nombre infini de pores très-étroits, elle s'évapore et se distille très-pure dans l'atmosphère où derechef elle va acquérir de nouvelles vertus et se préparer à les distribuer comme auparavant.

### Du mouillage ou première opération du maltage.

Certes, voilà une opération bien simple. Pas n'est besoin de consulter les traités pour découvrir la manière de s'y prendre. Tous les apprentis-brasseurs se croient parfaitement aptes à procéder à ce premier labeur de la fabrication de la bière, et nous sommes certains qu'ils nous prendraient en pitié s'ils nous voyaient traiter cette question dans un pareil ouvrage.

Qu'ils se détrompent. Cette opération si simple donne lieu à un dissentiment profond entre plusieurs savants et plusieurs brasseurs très-habiles. Nous croyons donc utile pour nos lecteurs de faire connaître ultérieurement les éléments de la querelle et pour les engager à mettre en pratique les différents procédés de mouillage qui font l'objet du débat, afin que la pratique, dernier juge, prononce en dernier ressort.

# DES DIVERS MODES DE MOUILLAGE DE L'ORGE.

### Du mouillage ordinaire.

Le mouillage de l'orge a pour but d'amollir sa pellicule et son amande, c'est-à-dire de lui fournir autant de parties aqueuses qu'il est nécessaire pour éveiller la force germinative.

On remplit à cet effet le vase-mouilloir, auparavant bien nettoyé avec de l'eau pure; on y verse l'orge, nettoyée le mieux possible, et ensuite on mélange fortement le tout (1). Si, par suite de cela, il n'y avait pas assez d'eau dans la cuve pour couvrir l'orge de quelques centimètres, on ajoute de nouvelle eau et l'on mélange encore une fois la masse avec une pelle. L'orge bonne à germer retombe au fond, tandis que les graines folles et légères et les graines étrangères surnagent à la surface. Comme il s'y trouve encore beaucoup de graines qui germeront, on opère après cinq ou six heures, un nouveau mélange de la masse, après quoi on recueille toutes les graines qui remontent à la surface. La première eau, d'après cette méthode, contenant toujours beaucoup de poussière et de matière extractive jaunâtre du grain, doit être écoulée aussitôt qu'on a enlevé les folles graines et être remplacée par de l'eau fraîche. Au commencement du mouillage, l'orge absorbe toujours beaucoup d'eau; aussi doit-on avoir soin qu'elle en soit toujours bien recouverte. En hiver, il suffit de renouveler l'eau toutes les 24 heures, tandis qu'au printemps et à l'automne et généralement par une température douce, et surtout en été, on doit le faire toutes les douze heures, si l'on ne veut pas courir le risque de voir l'eau devenir mauvaise et

(1) Tandis que beaucoup de brasseurs jettent premièrement l'orge dans le vase-mouilloir sans aucun nettoyage, puis y font arriver l'eau par-dessus.

même putride ou acidulée, ce qui exercerait une action fâcheuse sur l'orge et sur le malt qui en serait préparé. Si l'on aperçoit qu'à la surface de l'eau se forme une couche luisante, il faut l'enlever avant de faire écouler l'eau, car autrement elle adhérerait à l'orge mouillée et, dans la germination, la disposerait à la moisissure.

On ne doit prolonger le mouillage du grain que jusqu'au moment où il commence à absorber un excès d'eau pour ne pas entraîner en dissolution des parties utiles dans la fabrication de la bière.

L'eau qui a servi au lavage du grain pendant quelques heures est chargée d'une matière grasse contenue dans l'enveloppe et qui a une saveur infecte et désagréable qu'il importe d'éliminer pour conserver un goût pur et franc à la bière. M. Mulder, qui a fait une expérience à ce sujet, dit que l'eau de mouillage laissée pendant vingt heures en contact avec l'orge lui enlève 0,57 pour cent de matières solides, et que le résidu de la calcination de ces matières est de 14 pour cent de cendres et enfin qu'elles se composent principalement d'albumine dissoute et de dextrine.

Le mouillage qu'on opère dans certaines localités à l'eau tiède, quoiqu'ayant l'avantage de hâter le gonflement du grain et de le disposer à une germination plus prompte, est très-défectueux, parce qu'il enlève à l'orge une plus forte proportion de la matière utile, quoiqu'en même temps il extrait une substance infecte ainsi que des sels alcalins qui, plus tard, peuvent apporter quelque obstacle au développement normal et complet de la fermentation et la transformation de la matière amylacée en glucose; mais d'un autre côté, il est certain non-seulement qu'il enlève aussi à ce grain une proportion plus forte que l'eau froide de la matière amylacée qui est ainsi perdue pour le brasseur, mais encore que la température de l'eau tiède, sinon pendant les gelées, échauffe le grain et ne peut lui faire obtenir qu'une mauvaise germination à sueur chaude au lieu d'à sueur froide.

### De la durée du mouillage ancien et ordinaire.

Le mouillage de l'orge doit durer selon les circonstances. Cela dépend évidemment de la saison, de l'âge du grain, de la cuve-mouilloire et du local, ainsi que de la température. Cependant on peut admettre généralement qu'en automne, où l'orge est encore fraîche et moins desséchée, si l'on n'a pas employé la touraille pour compléter son desséchement, on a besoin de 40 à 48 heures, et, en hiver, en admettant que le local où se trouve la cuve-mouilloire ne soit pas trop froid, trois jours ou trois fois vingt-quatre heures; au printemps, où le temps est plus doux, six à douze heures de moins, et en été pendant trente-cinq à quarante heures. Mais si l'orge est fortement desséchée, et en outre possède une pellicule épaisse, son mouillage, surtout en hiver, peut même nécessiter quatre ou cinq jours.

On doit voir déjà clairement, par ce que nous venons de dire, combien il est important de n'employer pour chaque mouillage que de l'orge de même nature; de ne pas mélanger la vieille et la nouvelle, l'orge à la pellicule épaisse et l'orge à la pellicule mince, et d'autant moins des orges provenant de sols différents, car, puisque l'orge vieille, et en outre à la pellicule épaisse, n'est pas aussi facilement pénétrée par l'eau que l'orge nouvelle et à la pellicule mince, il en résulterait que la première ne serait pas assez mouillée encore, tandis que l'autre aurait absorbé suffisamment d'eau.

Mais comme l'orge, même sans qu'il y ait de la part du marchand ou du fermier aucun mélange prémédité de différentes sortes d'orge, et bien que venant du même champ, est souvent de qualité différente, ce qu'on peut reconnaître par la différence de nuance et de grosseur des grains, et qu'ordinairement les graines pleines se trouvent à l'état sain, et que les plus légères, n'ayant pas acquis leur plein développement, sont de qualités moins bonnes ou impropres aux usages de la brasserie, il est utile d'employer, en ce cas, comme nous l'avons déjà dit, une machine pour séparer les bons et riches grains des grains inférieurs ou mauvais, tout en débarrassant l'orge de toutes impuretés, telles que poussière, etc.

## Des signes auxquels on reconnaît que l'orge est suffisamment mouillée.

On reconnaît que l'orge est suffisamment mouillée :

1° Lorsque la pellicule ou enveloppe corticale se détache facilement de l'amande et que celle-ci, là où le germe doit sortir, paraît prête à se briser :

2° Quand on peut plier le grain mouillé sur l'ongle du pouce sans le casser;

3° Si les extrémités aiguës de l'orge mouillée ne piquent plus en en prenant un grain entre les deux bouts;

4° Si le grain ne s'aplatit pas en le coupant entre les dents;

5° Quand un grain pris au milieu de la cuve-mouilloire, en le mettant entre deux doigts et en le pressant doucement, ne présente pas de résistance, et en même temps quand on sent l'amande entre les doigts, et si la pellicule se fend dans le sens de la longueur. C'est que l'orge est alors suffisamment mouillée. Mais il ne suffit pas de se convaincre sur un seul grain du mouillage suffisant de l'orge : il est nécessaire de faire ces observations sur plusieurs grains.

Ainsi, le temps qu'on doit laisser mouiller l'orge n'est pas indifférent, car si le grain est trop peu mouillé, il arrive facilement qu'il sèche plus tard trop promptement et que la germination ne s'opère pas aussi bien. Si, au contraire, il est trop mouillé, de manière que l'amande du grain soit devenue laiteuse, c'est bien pis encore, et tous ces grains sont perdus pour une germination régulière, car à côté de la germination, qui marche dans ce cas rapidement, s'opèrent encore d'autres décompositions nuisibles, sans compter les pertes de substances utiles.

### De l'égouttage.

Dès que l'orge est suffisamment trempée, et après l'avoir laissée encore pendant quelques heures dans la cuve-mouilloire pour la faire égoutter complétement, on l'évacue dans le germoir.

### Des autres modes de mouillage.

Bien que depuis longtemps le mouillage du grain pour la préparation du malt soit entrepris de la manière que nous venons de décrire, on a cependant employé depuis peu d'autres modes de mouillage qui méritent d'autant mieux d'être mentionnés ici, que l'on a pris soin, dans ces méthodes, d'extraire moins de substances utiles que cela a lieu par le mouillage ordinaire. Une des méthodes de ce genre, proposée d'abord par M. Balling, et qu'il croit meilleure, parce que le système ordinaire de mouillage n'est pas justifié

par la chimie, peut être expliquée de la manière
suivante :

La manipulation ordinaire où l'on verse le grain
à germer dans l'eau à la température habituelle,
et dans laquelle on enlève les folles graines qui
surnagent, et où on laisse après quelques heures
écouler l'eau qui entraîne la poussière adhérente
au grain, est jugée nécessaire et maintenue comme
opérant le nettoyage du grain.

Mais après cette opération, comme on sait, on
renouvelle plusieurs fois l'eau à quelque intervalle
et on conserve le grain deux, trois et même quatre
et cinq jours sous l'eau,.jusqu'à ce que le malteur
reconnaisse que le grain est suffisamment mouillé,
procédé contre lequel on peut soulever bien des
objections fondées. En effet, l'expérience démontre qu'ici l'eau extrait toujours quelque chose de
la pellicule, par suite de quoi elle acquiert un
goût âcre et une nuance jaune. Toutefois, par
suite d'un mouillage prolongé, l'eau pénètre non-
seulement dans la pellicule, mais aussi beaucoup
trop dans l'amande en dissolvant un peu des principes solubles du grain. La réalité de ce fait peut
être facilement démontrée. Il se forme, en effet,
au-dessus de l'eau de mouillage, une couche luisante produite par la décomposition des éléments
dissous sous l'influence de l'air atmosphérique.
Cette eau contient donc des substances vis-
queuses; mais ce sont des substances utiles qui
ne devraient pas être enlevées au grain, ce qui

pourtant, dans ce procédé, a lieu d'autant plus que le séjour sous l'eau est plus long et qu'on la renouvelle plus souvent, d'où s'en suit un changement dans la composition du grain par laquelle, non-seulement il résulte une perte en substance utile, mais aussi en matière essentielle. La perte est donc double. — Mais la principale est la perte en substance amylacée, matière importante pour la germination et la trempe. Puisqu'il est également prouvé que *l'orge mouillée de cette manière et mise en terre ne produit qu'une plante chétive,* ceci devrait nous guider et nous apprendre qu'il faut choisir un mode de mouillage plus conforme à la nature, car, dans la germination des grains dans la terre humide, aucune extraction des principes utiles du grain n'a lieu; ils n'absorbent peu à peu qu'autant de parties aqueuses qu'il leur est nécessaire pour éveiller la force germinative et son développement. Pour tenir compte dans le mouillage de l'orge de ces principes chimiques, il faut opérer à peu près comme suit :

On débarrasse l'orge des graines folles, des balles, de la poussière, en la versant dans une cuve remplie d'eau, comme nous l'avons décrit. On laisse écouler cette première eau après 6 à 8 heures, et on la renouvelle en la laisant encore 12 à 16 heures, de sorte que l'orge ne reste mouillée que pendant 18 à 24 heures avec deux changements d'eau. Par ce mouillage plus court, doit être atteint le même but d'enlever à la pellicule de l'orge la matière jaune et amère autant qu'il est nécessaire, et encore d'amollir suffisamment la pellicule, sans pourtant pénétrer l'amande. Ensuite l'orge humide est évacuée sur le sol du germoir, où on la met en tas oblongs de 20 à 25 centimètres de hauteur, en l'arrosant après une heure environ au moyen d'un arrosoir de jardin, et en la retournant continuellement. Dès que cette eau est absorbée par le grain, on recommence l'arrosage et le pelletage, et on continue jusqu'au degré convenable de mouillage. Ce n'est que par un pelletage fréquent que l'orge peut être ainsi uniformément mouillée. Par ce procédé, il faut convenir que l'amande de l'orge n'est pas atteinte, c'est-à-dire que l'eau ne lui enlève aucune des substances utiles, sans nuire en aucune façon au développement de la force germinative.

Combien de fois doit-on arroser le grain et avec quelle quantité d'eau? Ce sont là des choses impossibles à préciser, comme il arrive aussi avec la manière ordinaire pratiquée par le mouillage; tout cela dépend des circonstances. Mais les signes pratiques auxquels on reconnaît que le mouillage est suffisant doivent ici également être pris en considération et appliqués, et l'on peut facilement par l'habitude reconnaître le point de mouillage. Le procédé de maltage avec l'orge mouillée de cette façon est d'ailleurs le même qu'avec le système habituel.

## Des modes de mouillage usités
## en Allemagne.

Dans le mode de mouillage ordinaire, a-t-on objecté, le grain reste trop longtemps en contact avec l'eau et pendant ce contact prolongé il s'en pénètre trop abondamment. De plus, il abandonne à ce liquide une portion de ses principes utiles qui sont ainsi perdus pour la fabrication, et principalement de ses substances protéiques solubles qui jouent un rôle si important dans les opérations ultérieures de la fabrication, et de certains sels qui paraissent être indispensables au développement de la plumule.

C'est pour atteindre un meilleur résultat que dans beaucoup de brasseries en Allemagne on procède d'une manière différente de celle ordinaire. On ne mouille et on ne nettoie le grain que dans une seule eau dans laquelle on le laisse séjourner pendant quelques heures. On fait écouler cette eau avant qu'elle ait dissous une portion des principes constituants de l'orge, et on met le grain en tas qu'on a soin d'arroser de temps en temps avec de l'eau, mais jamais en assez grande quantité pour qu'elle s'écoule des tas et que le grain ne puisse pas l'absorber en totalité. Mais comme il pourrait arriver que cette eau filtrât dans le tas sans toucher tous les grains, on retourne constamment ces tas pour amener tous ces grains au même degré d'humidité et d'absorption du liquide.

De cette manière, il n'y a pas dissolution des principes utiles du grain, et toute la masse est amenée bien uniformément et avec facilité au point où la germination va commencer à se développer.

On laisse donc ainsi pendant le mouillage le grain alternativement mouillé, puis sans eau, de façon que l'humidité présente pénètre peu à peu dans le grain sans qu'il y ait lessivage des parties solubles et des matières utiles. On s'est aperçu qu'une privation prolongée et sous l'eau du contact de l'oxygène de l'air était une chose désavantageuse. Du moins c'est ce que l'on a observé d'une manière tout à fait remarquable sur le seigle qu'on emploie dans les distilleries et c'est ce qui explique, dans ce cas, la pratique des arrosages répétés sur le grain mis en tas pour l'entretien de l'humidité nécessaire au développement de la germination. Seulement il y a un écueil à éviter dans la préparation du malt dans les brasseries, qui consiste en ce que dans les arrosages, s'ils ne sont pas opérés avec tout le soin convenable et en remuant en même temps le grain, l'humectation de celui-ci est irrégulière, et par suite, la germination se développe d'une manière inégale dans le tas quand on n'est pas parvenu à obtenir une égale distribution de l'eau.

Ainsi la première eau de mouillage reste 6 à 8 heures sur le grain et la deuxième aspersion de 12 à 16 heures, en tout 18 à 24 heures, au bout desquelles le grain est mis en couches oblongues de 20 à 25 centimètres de hauteur qu'on arrose après quelques heures de repos, avec de l'eau, pendant qu'on le retourne à la pelle. Quand on juge que cette eau est complétement absorbée par le grain, on recommence l'arrosage toujours en remuant à la pelle et on continue ainsi jusqu'à ce que le grain ait reçu toute la quantité d'humidité qu'il est susceptible d'absorber, chose qui varie suivant la nature, la qualité de l'orge, la température de l'air et peut-être d'autres circonstances encore indéterminées, mais que le malteur doit reconnaître à quelques indices pratiques auxquels un œil exercé ne peut pas se tromper.

A Vienne, l'orge est mouillée avec une eau à basse température ne dépassant pas 12 à 13 degrés centigrades, pendant 30 à 36 heures en été et 50 à 60 heures dans les temps froids, après quoi cette orge est portée au germoir pour en former un tas rectangulaire de 50 à 60 centimètres de hauteur qu'on retourne de 12 en 12 heures en l'abaissant chaque fois, et mouillant successivement au besoin, jusqu'à ce que le grain n'absorbe plus d'eau et reste mouillé à la surface.

En Bohême, on mouille pendant 24 heures, puis on forme avec le grain une meule conique haute de 1 mètre 50 qu'on arrose au moins d'heure en heure avec de l'eau froide et qu'on travaille avec soin. Pendant ce temps, on nettoie la cuve-mouilloire, on la remplit d'eau et on introduit de nouvelle orge qui, au bout de 24 heures, est aussi mise en mont. Au bout de 22 à 23 heures, la première orge est ramenée dans la cuve et chargée d'eau, et après 6 à 8 heures elle est arrivée au degré de gonflement et d'humidité nécessaires à la germination.

On voit donc que par ces divers procédés de mouillage les immersions débarrassent d'abord le grain et surtout la pellicule d'une matière jaune et amère qu'il importe de séparer pour qu'elle n'entre pas dans la bière, puisque l'amande n'est pas encore assez ramollie et attaquée par l'eau pour lui livrer ses principes solubles; et enfin, que ce n'est qu'au fur et à mesure que le grain dans les tas absorbe l'eau, qu'on lui en donne de nouvelle jusqu'au moment où on le voit arriver au point précis pour l'abandonner à la germination, en même temps qu'un pelletage réitéré répartit d'une manière bien uniforme cette eau entre tous les grains.

### De la méthode de mouillage en usage en Angleterre.

Un autre méthode de mouillage pratiquée depuis des années en Angleterre est le procédé connu sous le nom de mouillage complémentaire. L'orge, après avoir atteint un degré suffisant de ramollissement, passe de la cuve-mouilloire ordinaire dans une autre qui se trouve au-dessous d'elle et qu'on appelle *couch*. Dans cette cuve on laisse l'orge 12 à 15 heures, selon la température de l'air du germoir, avant de l'y étaler. Le cas arrive-t-il qu'on soit obligé de laisser l'orge dans cette cuve plus de 15 heures, on la remue alors afin de prévenir l'échauffement qui ne manquerait pas de se manifester dans une couche aussi épaisse, ce qui serait très-nuisible au malt. Ce procédé aussi repose sur le même principe que le procédé de M. Balling, car de cette manière, on obtient non-seulement un ramollissement régulier du grain, mais aussi l'orge ne restant pas trop long-temps dans l'eau n'est privée par là d'aucune de ses substances utiles.

### Du mouillage continu.

On fait tremper l'orge crue dans un bac en pierre, ayant soin de renouveler l'eau *continuelle-ment*, à l'aide d'un tuyau qui apporte un filet gros comme le doigt de *l'eau la plus froide* au centre de la partie inférieure du bac, tandis que quatre trous pratiqués à la partie supérieure de chaque paroi du bac laissent écouler au dehors une quantité d'eau égale à celle qui y est introduite; il faut que ces trous soient bien de niveau pour écouler chacun le quart de cette quantité.

Pourquoi renouveler l'eau ainsi continuellement pendant les chaleurs?

D'abord, c'est pour expulser la partie âcre, amère et infecte du grain. Il a été reconnu en pratique qu'il reste de l'infection dans le grain qui trempe dans de l'eau stagnante et que pendant les chaleurs l'air est souvent malsain. Le mouvement ascensionnel de l'eau, quoique fort lent, déloge l'air des retraites où il se tient, en raison de la pesanteur de l'eau plus froide qui vient déplacer et renouveler l'autre, et la pénétration de toutes les parties du grain s'opère complétement, ce qui refroidit au lieu d'échauffer le grain pendant les temps les plus chauds; car une fois que le grain a contracté une température élevée dans le bac-mouilloir, il est impossible plus tard de le faire germer convenablement à froid.

Ensuite, c'est pour mettre le grain en contact avec la plus grande quantité possible d'oxygène, pour que la germination qui succède à la trempe soit plus générale, même dans les grains moins gros de l'épi ou d'une maturité inférieure. On sait que l'eau très-froide renferme de l'air intermoléculaire qui retient 9,38 d'oxygène, que moins l'eau est froide, moins aussi cet air retient de l'oxygène, en se rapprochant de plus en plus de l'air atmosphérique qui n'en contient que 0,21. L'expérience démontre tous les jours que plus l'eau est froide et pure, plus la germination qui suit est générale.

## Des cuves-mouilloires coniques pour le mouillage continu, etc.

La cuve-mouilloire conique est composée d'une partie droite cylindrique dont le diamètre varie en raison des contenances, puis d'une partie conique calculée en raison du diamètre.

Ces cuves se placent aussi dans le germoir. Une fermeture en cuivre bien combinée assure d'un côté un écoulement facile des grains après mouillage sans aucune manipulation; de l'autre, une main-d'œuvre des plus faciles pour rendre la cuve étanche. Un robinet de vidange des eaux se trouve dans le bas du cône, et à côté de lui un autre robinet d'entrée des eaux. Ce robinet communique avec le réservoir à eau que dessert le service général.

Un trop plein placé au haut de la cuve assure tout débordement.

Ce genre d'installation supprime les cuves en maçonnerie ou autres qui tiennent beaucoup de place, et qui, dans tous les cas, demandent plus de pelletage.

Avec ce montage, le brasseur peut faire du mouillage continu dans les meilleures conditions, ou à sa volonté, un mouillage stationnaire, puisque cela dépend simplement de l'ouverture du robinet d'entrée d'eau.

Le mouillage continu peut être ou très-actif ou très-modéré, cela dépend des eaux dont l'on dispose et des peines que l'on éprouve pour se les procurer.

Le mouillage continu est très-recommandé par les meilleurs malteurs anglais.

## De la perte de substance par le mouillage.

La perte de substance que l'orge éprouve au mouillage peut être évaluée de 1 1/2 à 2 pour cent de son poids. Cette perte varie suivant la nature de l'orge et la qualité des eaux. Les orges à enveloppe épaisse abandonnent une plus forte proportion de matière extractive aux eaux douces que les orges à enveloppe fine et aussi ces eaux sont-elles plus colorées avec les premières qu'avec les secondes. Les eaux dures dissolvent plus difficilement les principes solubles que celles qui sont douces.

On doit à M. Mulder une expérience intéressante sur les matières que le mouilllage enlève à l'orge. Ce chimiste a plongé pendant une demi-heure de l'orge dans une eau douce, puis a fait écouler cette eau et l'a remplacée par de nouvelle où le grain est resté 20 heures. En évaporant les eaux du mouillage, il est resté un résidu de 0,57 pour cent du poids de l'orge, de couleur foncée, hygroscopique et soluble en partie dans l'eau, qui, lorsqu'on l'a brûlé, a laissé 14 pour cent de cendre, ce qui démontre que l'eau de mouillage enlève principalement au grain une quantité notable de ses sels solubles.

# DE LA GERMINATION ARTIFICIELLE

ou

## deuxième opération du maltage.

Pour faire germer les grains artificiellement, on doit nécessairement, après leur mouillage terminé et l'eau bien égouttée, les évacuer ou les transporter dans des locaux bien appropriés. Ces locaux s'appellent germoirs; il y en a de différentes sortes, indépendamment de ce qu'ils peuvent être situés dans un grenier, ou au rez-de-chaussée ou dans des caves plus ou moins profondes; ce sont ces endroits dont nous allons parler.

### Des germoirs.

Le local qu'on choisit, ou dont on peut disposer, ou qu'on fait construire pour servir de germoir est d'une grande importance : la température de ce local influe considérablement sur la germination, puisque la température ambiante d'une pièce se communique, au bout de quelque temps, à tout ce qui s'y trouve.

Les germoirs doivent, autant que possible, être vastes et maintenus un peu chauds pendant la gelée, frais en été, est la température la plus convenable pour ces locaux et de 12 à 15 degrés centigrades au plus; il convient donc de placer les germoirs dans des souterrains ou caves profondes, ou au moins au rez-de-chaussée, environnés de murailles épaisses en pierre de préférence, et autant que possible, voûtés pour les préserver des brusques changements de température. Dans les bonnes caves sèches et profondes, la température ne varie guère, et en toute saison la germination y marche bien, si on en excepte toutefois la saison des canicules (1). Ce sont des germoirs de ce genre qu'on emploie en Bavière, et sans doute, c'est un des motifs principaux de la supériorité de leurs produits. Cependant dans un grand nombre de malteries anglaises, les germoirs sont situés au rez-de-chaussée et même à l'entresol, mais en ce pays on ne fait guère souvent germer en été, ni par les gelées très-fortes ; puis leurs germoirs sont environnés de murs très-épais et généralement bien clos et bien voûtés, et les forts brouillards qui règnent assez souvent dans ce pays communiquent de la fraîcheur à l'air atmosphérique pendant certaines saisons.

### Des portes, fenêtres ou soupiraux des germoirs.

On doit avoir soin de ne pas trop multiplier

(1) On peut cependant bien faire marcher la germination pendant les canicules si on emploie le germoir tempéré, les moyens de réfrigération convenables et les arrosages selon la méthode que nous indiquerons ultérieurement.

les portes et les croisées, car comme on sait, ces ouvertures ont une grande influence sur la température d'un local. On doit en outre les restreindre au nombre et à la grandeur strictement nécessaires pour le travail, par le motif que ces portes ou croisées donnent souvent des courants d'air qui rendent la température variable et inégale dans le germoir; puis, une lumière trop vive, le soleil surtout est très-nuisible à la germination qu'il rend irrégulière, en accélérant la végétation dans les parties où arrivent ses rayons lumineux. Il faut donc éviter avec le plus grand soin, que le soleil ne pénètre dans le germoir. Une lumière diffuse, est celle qui convient le mieux pour la germination; presque tous les hommes du métier sont d'accord sur ce point.

On sait que quand on fait passer un rayon lumineux à travers un prisme de verre, le rayon se partage en sept couleurs principales qui sont : le violet, l'indigo, le bleu, le vert, le jaune, l'orangé et le rouge, et qu'on forme ainsi ce qu'on appelle le spectre solaire. L'une des extrémités de ce spectre, celle qui commence par le violet, exerce une action chimique énergique sur certaines substances, par exemple, sur le chlorure d'argent qu'elle fait passer au noir. A l'autre extrémité, les rayons et le jaune en particulier ne paraissent exercer aucune action chimique sensible. Or, suivant M. Gladstone, ce sont surtout les rayons

chimiques du spectre qui exercent une action nuisible sur la germination et qu'il convient d'exclure
dans le local où celle-ci doit s'opérer. En se ba-
sant sur cette observation, on a proposé et adopté
récemment en Angleterre d'admettre seulement
les rayons jaunes dans les germoirs en faisant
passer la lumière à travers les tissus ou des papiers
ou des verres colorés en jaune.

Cependant l'air devant circuler dans un germoir
et d'ailleurs être renouvelé entièrement pendant
ou après chaque pelletage, selon les circonstances,
le germoir a besoin d'être pourvu de fenêtres ou
soupiraux, surtout du côté du Nord, fenêtres devant lesquelles on applique un canevas ou des
verres jaunes et qu'on clot avec des persiennes ou
des volets.

C'est en fermant à propos ces ouvertures qu'on
maintient une température uniforme dans le germoir et y ménage les courants d'air nécessaires,
à l'aide d'une cheminée d'appel, etc.

### Du dallage des germoirs.

Une autre condition à laquelle doit satisfaire un
germoir pour être bon, c'est d'être sec et bien
dallé. Le dallage doit être imperméable, bien uni,
et assez en pente pour que les eaux de lavage
puissent facilement s'écouler d'elles-mêmes. Et
ces dernières conditions sont plus essentielles que
ne pensent bien des brasseurs; car il est de la

plus grande importance de maintenir le sol du germoir dans un état de grande propreté; et à cet effet, on doit le laver fréquemment à grande eau; or, si le germoir est mal pavé, les lavages deviennent difficiles et nécessairement se font mal.

La nature des matières employées pour la confection du sol des germoirs est donc aussi importante. Ce sol est ordinairement composé de carreaux en terre cuite, de briques ou de dalles en pierre, ou bien il est fait en mortier ou ciment, et même en planches. Les sols en briques ou carreaux s'échauffent assez facilement pour les germoirs d'hiver; mais pendant l'été ils ont le grand inconvénient de se refroidir avec lenteur, et cette circonstance seule suffit souvent pour déterminer une germination trop active, comme on en acquis la preuve par l'expérience. L'élévation de la température des germoirs dans cette saison est toujours trop haute sans cette nouvelle source de calorique. Les dalles en pierres bleues (calcaire compacte) ou en ardoise ou schistes ardoisiers d'une forte épaisseur dont le prix est peu élevé sont bien préférables sous ce rapport en été, car elles s'échauffent moins vite, se refroidissent bien plus promptement; elles ont en outre le grand avantage d'être à peu près imperméables et très-unies, tandis que les briques ou carreaux en terre ordinaire sont très-perméables et assez poreux, inconvénient déjà bien grave.

La surface lisse, au contraire, des schistes ardoisiers et leur imperméabilité les rendent précieux pour la préparation du malt.

Des pierres semblables se trouvent en France et en Belgique, il est à souhaiter que l'usage s'en répande pour le dallage des germoirs.

Ainsi, pour qu'un dallage de germoir remplisse toutes les conditions voulues, il ne suffit pas qu'il soit uni et qu'il ait une pente suffisante avec des égouts de décharge convenablement placés pour évacuer promptement les eaux de lavage, il faut encore que les dalles ou l'aire, c'est-à-dire le sol artificiel du germoir soit autant que possible imperméable. En effet, si les dalles sont perméables, elles s'imprégnent de matières organiques qui s'altèrent promptement, et qu'on peut difficilement enlever sans un lavage à la brosse et à la chaux dont on ne se sert pas assez souvent pour cet usage, ayant soin après cela de bien nettoyer à grande eau pour qu'il n'en reste aucunement. On conçoit l'influence des grains gâtés sur les autres pendant la germination, eh bien ! l'action d'un dallage perméable mal entretenu, mal lavé, doit être et est insensiblement la même ; car le sol est alors imprégné des matières les plus altérées de ces grains en décomposition.

### De l'étendue des germoirs.

Nous devons aussi connaître les dimensions qu'il convient de donner à un germoir, suivant la quantité de grains qu'on veut y faire germer à la fois. Cette étendue dépend évidemment du mode de germination qu'on adopte, et doit nécessairement être plus grande avec le mode actuel de germination lente qu'avec l'ancien procédé qui était plus accéléré. Elle est aussi déterminée par l'épaisseur plus ou moins grande qu'on donne définitivement au tas pendant la durée du travail.

L'étendue des germoirs doit aussi naturellement être proportionnelle à l'importance de la fabrication, mais elle dépend bien plus du mode de germination usité ; ainsi, les malteurs anglais admettent qu'il faut 24 yards carrés par quarter de malt, ce qui fait environ 8 mètres par hectolitre, tandis qu'en Belgique on n'emploie au maximum qu'une étendue de 3 à 4 mètres carrés par hectolitre de malt, en raison de ce que la germination ne dure que 8 à 10 jours au plus, et en Angleterre, cette opération dure ordinairement 12 à 14 jours et même davantage.

Par les anciennes méthodes de germination, on doit toujours calculer l'étendue des germoirs de manière que par la méthode adoptée, on ne soit jamais gêné pour retourner et étendre le grain quand il le réclame, et pour qu'on ait le temps convenable de bien laver la place de chaque tas enlevé, avant d'y mettre une nouvelle couche. Pour ne pas être gêné, il faut une étendue d'au moins 4 mètres carrés par hectolitre de malt élaboré en 8 jours, de 5 mètres quand on en met 10, de 6 mètres quand on en met 12, et ainsi de suite. En hiver, la germination étant plus lente, pour la même quantité de malt à préparer, on a un plus grand nombre de tas d'orge mouillée en travail à la fois, mais les couches sont plus épaisses qu'en été, et cela revient à peu près au même pour l'étendue nécessaire, d'autant mieux qu'en été, pour que la température du germoir ne s'élève pas trop, il faut, toutes choses égales d'ailleurs, que l'espace et le volume des germoirs soient proportionnellement plus grands qu'en hiver.

### De l'entretien des germoirs.

Il nous reste, relativement au germoir, à faire une recommandation qu'il convient de prendre en sérieuse considération.

Un germoir doit être constamment maintenu dans un état parfait de propreté, il faut pendant tout le temps que le grain y germe, et après chaque opération, laver avec soin toutes les parois avec l'eau pure en abondance. Si le germoir a contracté une odeur de moisi et si cette odeur persiste après les lavages, on fera bien de passer un linge avec une dissolution de chlorure de chaux sur toutes les surfaces et de ne recommencer à travailler dans cette pièce qu'après qu'on y aura amené un courant d'air rapide et ménagé une ventilation abondante.

Avec ces précautions, on courra moins le risque

de perdre du grain malté ou de voir manquer des brassins ainsi que cela se voit assez souvent dans les établissements mal tenus.

## De la température des germoirs.

La température du germoir devant être maintenue entre 12 à 15 degrés centigrades au plus; on conçoit qu'en hiver l'air extérieur serait trop froid, comme quand il gèle, pour y être admis directement et qu'en été il aurait une température trop élevée. Dans les cas extrêmes, il faut aviser à différents moyens comme de faire passer l'air à travers des chambres, ou des appareils qui le portent ou le ramènent à la température exigée, etc.

Il y a encore d'autres moyens de rafraîchir, pendant les canicules, les locaux qui servent de germoir, par l'évaporation de l'eau, pour éviter les effets désastreux d'un excès de chaleur sur la germination, comme de placer des branches d'arbre mouillées aux fenêtres ou soupiraux des germoirs ou de se servir tout simplement d'une pompe foulante du prix de 5 à 6 francs vendue pour l'arrosage des jardins ou le nettoyage des vitres des habitations.

Avec cette pompe, et au moyen d'un tonneau, on envoie l'eau à une certaine longueur et hauteur, et elle retombe sous forme de pluie sur une circonférence de 5 à 6 mètres pour arroser le jardin.

Si on ajoute à cette pompe, une pomme d'arrosoir, dont les trous soient très-petits, il faudra appuyer avec force pour faire jaillir l'eau par ses petits trous; mais la résistance de l'air divise tous les petits jets, et à un mètre ou deux de distance, cette eau lancée avec tant de difficulté se transforme en une pluie très-fine, comme un brouillard et si à cette eau on fait une addition de quelques poignées de sel qu'on fait bien fondre, on aura un brouillard salin imitant assez bien celui des mers, endroits où les légumes ont une qualité supérieure pour ce seul motif. C'est cette pluie ou ce brouillard qui rétablit l'humidité du germoir et de ses parois jusqu'à la route même. Mais, comme l'eau est très-chargée d'oxygène, surtout quand elle est froide, comme celle qui provient d'un puits ou d'une citerne profonde, et que la surabondance de ce liquide pendant ces temps malsains, enlève une foule de miasmes, quand le germoir a été ainsi réfrigéré, on respire plus à l'aise et on ressent un bien-être qui n'existait pas avant cette opération.

Ce bien-être, le grain l'éprouve comme le malteur, puisqu'il vit comme lui, qu'il respire comme lui et que comme lui, il est susceptible de maladie et de mort.

## De l'emploi du thermomètre dans le germoir.

On fera bien, dans un germoir, d'adopter comme on le fait en Angleterre et en Allemagne, l'emploi du thermomètre pour s'assurer de la température de ce local et des couches de grain. On pellette alors chaque fois que cet instrument plongé au sein du tas s'y élève à une certaine température. C'est assurément là un moyen simple pour guider les ouvriers peu expérimentés, mais un bon malteur doit y joindre en outre son expérience, ne pas se fier totalement à cet instrument et avoir beaucoup de confiance dans certains phénomènes que lui a révélés la pratique et qui quelquefois défient toute description, quoique l'emploi du thermomètre, dans ce cas, soit un guide sûr dans beaucoup de circonstances. L'humidité de l'atmosphère joue aussi un rôle dans la germination, et il conviendrait d'y avoir égard, et c'est même à cause des temps brumeux qui règnent souvent en Angleterre, que les malteurs de ce pays ont une plus grande facilité pour obtenir une bonne germination, même sans germoir tempéré.

## Du développement du gaz acide carbonique pendant la germination.

Comme pendant la germination artificielle il se développe en grande abondance de l'acide carbonique, ce gaz est plus lourd que l'air et il est indispensable de l'enlever à la surface du grain où il se forme, si on veut que cette germination parcoure bien régulièrement toutes ses phases. En conséquence, on dispose souvent dans les germoirs des canaux d'aérage ou cheminée d'appel qui, en établissant un courant plus énergique, enlèvent cet acide carbonique et le chassant au dehors quand la chose devient nécessaire.

On a conseillé, dans les grands établissements où on malte beaucoup de grains à la fois, de partager le germoir en plusieurs chambres dans lesquelles il est plus facile d'établir une bonne ventilation et le degré de température nécessaire à chaque couche ou tas de grains en particulier.

## De l'aérage ou de la ventilation des germoirs.

Il faut donc qu'il y ait dans le local où se prépare le malt, renouvellement de l'air. Ce grain, en effet, dans les modifications chimiques qu'il éprouve par la germination, absorbe de l'oxygène et dégage de l'acide carbonique. Il est donc utile d'un côté que le grain puisse puiser tout l'oxygène dont il a besoin dans un air renouvelé, toujours riche en oxygène ou qui ne soit pas chargé d'un excès d'azote, et d'un autre côté qu'on évacue l'acide carbonique qui se forme dès les premiers symptômes et jusqu'à la fin de cette germination, acide qui est nuisible à la végétation et s'oppose à son développement. Quant à la quantité du gaz absorbé et de l'acide dégagé, Saussure a constaté que pour l'orge, celle de l'acide carbonique produit est égale à la quantité d'oxygène absorbé.

L'oxygène de l'air est donc indispensable à la germination qui est en quelque sorte un acte de combustion par lequel ce gaz se combine avec une partie du carbone du grain, pour développer un égal volume de gaz acide carbonique ; ce gaz carbonique est le même qui se produit dans nos foyers domestiques par la combustion du charbon, et on le retrouve encore comme produit de la fermentation du moût ; or, la germination développe d'énormes volumes de ce gaz délétère qui cause tant de malheurs, connus sous le nom d'asphixie. L'acide carbonique pur donne la mort en peu d'instants ; mêlé à l'air en fortes proportions il cause des maux de tête, donne des vertiges et finit aussi par donner la mort si les proportions sont assez fortes. Or, comme le gaz acide carbonique est beaucoup plus dense, c'est-à-dire plus lourd que l'air, il ne tarde pas à environner et à recouvrir les couches de grains en se répandant lui-même en une couche générale qui envahit tout le germoir dont il occupe le bas, et ne peut que bien difficilement sortir de ces germoirs quand ils sont situés dans des caves, ou au moins situés au-dessous du niveau du sol.

Dans les germoirs situés au-dessus ou au niveau du sol le gaz acide carbonique sort assez facilement de ces locaux, en s'écoulant comme un liquide, par le bas des portes quand on les ouvre, ou par le dessous quand elles ne sont pas bien fermées ; cependant il est nécessaire de renouveler l'air de temps en temps en ouvrant la porte ou les croisées, surtout pendant les pellettages, quand la température extérieure et l'état des couches de grain le permettent sans inconvénients, ce qui est assez rare dans les grands germoirs où il y a presque toujours plusieurs couches en végétation à la fois. Les lavages fréquents à l'eau de chaux sont aussi fort utiles pour assainir les germoirs, car cette base terreuse à l'état caustique détruit les miasmes et absorbe le gaz acide carbonique avec une grande facilité et en fortes proportions.

Pour les germoirs, souterrains, ces moyens étant quelquefois insuffisants, on produit une ventilation artificielle au moyen des foyers des chaudières dont le cendrier fermé sur son devant dans la brasserie, soit par-dessus en communication directe avec les souterrains qui servent de germoir.

Il n'est pas nécessaire pour cela que les chaudières soient placées immédiatement au-dessus, ou à côté des locaux à ventiler, il suffit que ces derniers ne soient pas trop éloignés, et qu'on les mette en communication avec les cendriers au moyen de canaux, ou conduits assez larges pour que le frottement de l'air dans ces conduits ne gêne point le tirage.

En faisant les conduits assez grands et en évitant de faire des angles vifs, ou mieux en faisant des coudes arrondis, on peut fort bien avec un petit foyer de brasseur et une cheminée ordinaire ventiler très-énergiquement un germoir à 40 et 60 mètres de distance, et quelle que soit sa position, car plusieurs fois ou en a fait l'application dans ces circonstances et jamais on n'a éprouvé le moindre inconvénient.

Quand il fait froid la ventilation artificielle est généralement inutile, même dans les germoirs souterrains, par le motif que la température des caves étant notablement plus élevée que celle du dehors, l'air qu'elles renferment est plus dilaté et s'élève naturellement dans les régions supérieures entraînant avec lui le gaz acide carbonique, qui finit alors par se mélanger avec lui malgré la différence de densité : il suffit donc alors de ménager des ouvertures suffisantes pour que ce renouvellement naturel d'air puisse avoir lieu, et ces ouvertures ne doivent pas être grandes quand il fait très-froid ; car il se renouvelle d'autant plus promptement que la différence de température est plus grande ; le jeu de la porte et des croisées et leurs fissures, suffisent généralement dans ce cas.

### Du germoir tempéré.

Les variations de la température, c'est-à-dire du chaud et du froid, exerçant l'influence la plus grande et souvent la plus pernicieuse sur la germination artificielle, une cave germoir tempérée est d'une valeur inappréciable.

Un germoir, pour être tempéré, doit donc être creusé sous terre; ses ouvertures doivent être dirigées vers le Nord : il sera éloigné des égouts, courants, latrines, buchers, etc. Il aura des murailles et une voûte épaisses en pierre, s'il est possible.

Il doit être dallé en pierres unies, comme nous l'avons dit en parlant des germoirs ordinaires afin que l'on puisse facilement retourner les grains à la pelle.

L'air doit y être pur et renouvelé, par une ventilation ou une cheminée d'appel, parce que l'oxygène est indispensable à la germination; les grains ne germent ni dans le vide, ni dans l'eau qui a bouilli.

Ainsi, autant il est difficile d'obtenir un malt passablement bon dans un mauvais germoir, surtout sous l'influence de la température atmosphérique de l'été, autant il est facile de produire un malt supérieur dans un germoir tempéré, parce que dans ce dernier, la température de la pièce ne changeant pas sensiblement, beaucoup de difficultés sont levées ou aplanies; tout marche dans la plus grande régularité lorsque le mouillage et les précédentes manipulations ont été accomplis convenablement.

En Allemagne, la préparation du malt est l'une des opérations les mieux conduites. Ce résultat ne s'obtient qu'avec d'*excellents germoirs* et d'*excellents ouvriers*. La cave qu'on emploie à la germination a une température basse; elle ne dépasse jamais 9 ou 10 degrés centigrades; il est rare qu'il y ait abaissement de plus d'un degré dans cette température. Le problème d'une température basse et constante et d'une ventilation régulière a été résolu dans toute sa rigueur. Avec de semblables avantages, on comprend que le produit de la brasserie soit d'une qualité inimitable pour tous ceux qui ne se trouvent pas dans des conditions analogues de fabrication.

### Du germoir tubulaire.

M. Puvrez-Bourgeois, rue Notre-Dame-des-Champs, 71, à Paris, a conçu et organisé ce germoir tubulaire :

Reposant dans des tubes de poterie de terre non vernissée et perméables, juxtaposés et réunis avec une garniture de toutisse préalablement rendue imputrescible, le grain se trouve ainsi constamment dans le milieu d'humidité désirée; la toutisse arrosée d'eau restant imprégnée d'humidité. La réunion autour d'un arbre horizontal d'un certain nombre de tubes dont la capacité, la longueur varient naturellement suivant la quantité de grain à malter, constitue un germoir tubulaire que le plus simple effort fait tourner sur lui-même en permettant ainsi d'aérer et de retourner la couche dans de bonnes conditions. Plus de pelletages et suppression presque complète de la main-d'œuvre à la germination du grain.

De même aussi pour la ventilation, pour l'évacuation de l'air vicié et son remplacement par de l'air frais et pur dans l'intérieur de chaque tube et au sein du grain il y a un conduit d'aération, qu'une trappe ouvre ou ferme à volonté. L'entrée et la sortie du grain de l'appareil, s'opèrent aussi de la façon la plus simple, et tout peut être disposé pour rendre les appareils applicables aux plus petits comme aux plus grands établissements.

Divers modèles de ces appareils sont mis à la disposition des brasseurs et des malteurs, suivant l'importance de leur fabrication et les dimensions du local qui doit recevoir les germoirs.

### De la germination théorique.

Dans chaque grain sain des céréales et des autres plantes, réside une force vitale qui, sous certaines conditions, entre en activité et fait germer la graine.

On sait qu'aucun grain des céréales, et, en général, qu'aucune semence de plantes ne peut germer à l'état sec. La germination ne peut s'opérer que sous certaines conditions extérieures, telles que l'humidité, une chaleur convenable et l'accès de l'air, comme nous l'avons déjà dit. La force germinative des grains ne peut agir que sous ces conditions. Nous devons donc, avant de parler de la transformation particulière subie par les céréales dans la fabrication de la bière, revenir quelque peu sur la nature des grains en général et de leurs propriétés organiques.

En considérant de près une graine de céréales, nous voyons qu'elle se compose de différentes parties, et notamment des cotylédons, ainsi que de l'embryon qui y est renfermé, et qui doit être considéré comme la semence du grain proprement dite. A l'un des bouts de la graine par lequel elle s'enfonce dans l'épi, sort la radicule, et à l'autre bout, la plumule; c'est, comme nous venons de le dire, le germe ou l'embryon qu'il faut regarder comme la partie principale de la graine duquel émane toute force vitale. Les cotylédons consistent en une substance spongieuse, désagrégée, où à son siége la substance destinée à fournir la première nourriture aux radicelles et à la plumule.

Pour rendre bien saisissable à l'esprit cette opération merveilleuse qu'on appelle la germination, nous prendrons pour exemple comment se produit le premier développement de la force germinative dans la nature.

Lorsqu'on place dans le sol une graine, chacun le sait, le premier jour, il n'y a aucune transformation. La graine seulement absorbe de l'humidité, se gonfle, devient plus molle, et par suite la pellicule, comme enveloppe extérieure, ne pouvant s'étendre au même degré, éclate. Alors a lieu le développement de la radicule : elle sort, se dirige vers la terre et croît. Pendant ce temps, la plumule croît également le long de la graine, mais elle apparaît de l'autre côté du grain, forme ensuite la tige qui, peu à peu, se revêt de feuilles, de fleurs et de fruits.

C'est ainsi que, pendant la première croissance de la plante, la force vitale contenue au sein de la graine d'orge agit dans deux directions différentes : la radicule au bas du grain, la plumule au haut du grain, un peu plus tard que la première, et, bien que toutes les deux aient le même point de départ, chacune d'elles pourtant a une destination spéciale et différente assignée par la nature.

On voit par là que la croissance d'une graine de céréales ne peut s'effectuer dans un sol sec, et que la force vitale ne se manifeste que lorsque le sol est humide, d'où la conséquence que, pour le premier éveil de cette force, ainsi que pour la croissance de la plante, l'eau est nécessaire.

L'expérience nous apprend également qu'une graine mise en terre en hiver, même avec une dose d'humidité suffisante, ne germe qu'au printemps, lorsque la chaleur augmente, si la température a été trop froide jusqu'à cette saison. Donc, nous devons en conclure que l'humidité seule n'est pas suffisante, mais qu'il est besoin aussi d'une chaleur convenable.

D'un autre côté, si l'on enfouit la graine profondément en terre, et qu'il y ait tout à la fois humidité et chaleur, mais que la graine ne soit pas en communication avec l'air extérieur, cette graine ne germera pas, d'où la preuve encore qu'outre l'humidité et la chaleur, l'air est nécessaire, indispensable, pour toute germination.

Il faut faire observer d'abord qu'on entend ici sous ce nom l'air atmosphérique dans ses éléments essentiels, c'est-à-dire dans les deux gaz principaux dont il est formé, l'oxygène et l'azote.

Si l'on place une certaine quantité de grains en tas pour les faire germer ensemble, on voit alors se produire ce phénomène, que les grains s'échauffent intérieurement, attirent l'oxygène de l'air atmosphérique, et, par contre, il s'échappe du tas des émanations de gaz acide carbonique, accusant une odeur d'alcool et d'éléments végétaux.

Cet échauffement du tas, ou pour parler plus exactement, ce développement de calorique, est le résultat d'une décomposition très-sensible et très-reconnaissable par l'odeur particulière de *pomme* qu'exhale la couche; et en analysant soigneusement ces émanations, on trouve qu'elles se composent d'acide carbonique mêlé à la vapeur d'eau et à des principes végétaux odorants.

On sait que les graines, à l'état sec, se conservent bien, et qu'il y en a même des espèces qui, dans ces conditions, se conservent longtemps sans perdre leur vertu germinatrice et sans subir d'autres transformations. C'est également un fait hors de doute qu'en couvrant entièrement les graines avec de l'eau, sauf les graines des plantes aquatiques, non-seulement l'accès de l'air se trouvant par là intercepté, aucune germination ne

peut avoir lieu, mais encore que la substance nécessaire à l'alimentation et à la croissance de la
jeune plante s'y dissout en amenant une décomposition désastreuse de toute la graine.

Pour éveiller la vertu germinative endormie
dans une graine et pour la faire croître, il faut
donc non-seulement une certaine humidité, un
degré convenable de chaleur, mais encore la présence d'un air pur.

Comme nous l'avons déjà vu, toute graine se
compose de la pellicule et d'une amande farineuse
qui, étant broyée, donne de la farine, la pellicule
ou enveloppe corticale restant à l'état de son.

La pellicule contient de la fibrine, de l'albumine, de l'acide phosphorique libre, des sels de
chaux, une huile grasse et de la résine jaune.

L'amande farineuse renferme de l'amidon, de
la dextrine (gomme), du gluten, de l'albumine, de
l'eau et des sels, etc.

Par l'amidon qui s'y rencontre en quantité pré-
pondérante, ainsi que par leur contenu en gluten,
les céréales sont merveilleusement propres à la
fabrication de la bière, car, par l'acte de la germination artificielle, il se manifeste au sein de la
graine une transformation, et, ce qui est surtout
important en brasserie, par la germination, se
produit dans le grain une substance particulière à
laquelle on a donné le nom de *diastase*, substance
qui possède à un degré énergique, sous l'action

simultanée de l'eau et de la chaleur, le pouvoir de transformer complétement l'amidon en sucre ou glucose.

Cette germination artificielle, telle qu'elle s'opère par le maltage, fournissant ces résultats par l'action des forces de la nature, on comprendra avec raison que la bonne préparation du malt constitue la base sur laquelle repose l'art du brassage. Aussi les brasseurs ne sauraient-ils trop s'attacher à ce point de la fabrication, s'ils ne veulent pas éprouver des pertes préjudiciables; car ce n'est qu'avec un malt préparé suivant toutes les prescriptions de l'art qu'on fabriquera une excellente bière satisfaisant, sous tous les rapports, aux exigences des consommateurs.

C'est donc avec raison que les brasseurs allemands disent : « *Montre-moi ton malt, et je te dirai quelle sera ta bière.* »

### De la germination pratique.

L'orge, pour être propre au brassage, doit subir la germination, et le meilleur moment pour cette opération, c'est lorsque la température du germoir a atteint les degrés semblables à ceux qui agissent sur les céréales quand elles ont été semées. Cette chaleur est entre 0 et 15 degrés centigrades, et plus la température du germoir s'écartera de ce terme, plus on fera du malt d'une qualité inférieure; il s'ensuit donc, qu'à 18 degrés centigrades de chaleur du germoir, on fait au moins bien germer qu'à 15, et que le malt sera d'autant plus défectueux que la température du germoir dépassera ce terme. C'est pour remédier à ce grand inconvénient, que nous avons indiqué un moyen d'avoir un germoir tempéré.

D'autres conditions sont nécessaires pour arriver à une bonne germination artificielle.

D'abord il est important de n'opérer que sur une orge bien saine, de même qualité, de la même récolte, et ayant végété dans un même terrain; nous en avons déjà donné les raisons.

Il faut ensuite que le grain soit arrivé au même degré de siccité. Ce sont là des conditions nécessaires pour que cette germination marche régulièrement et uniformément, pour que les grains arrivent en même temps au même degré d'humidité, de mouillage et de ramollissement dans toute leur masse. Autrement on éprouve dans les opérations ultérieures sur le grain, soit des difficultés, soit des pertes; on ne produit que des bières d'une qualité inférieure et on a toujours de la peine à obtenir des produits identiques.

## Modes de germination usités.

Pour opérer la germination de l'orge, on commence par mettre le grain mouillé en tas pendant quelques heures; la température s'élève bientôt, et lorsque le grain se recouvre à l'extérieur du tas d'une couche d'humidité, c'est-à-dire qu'on voit qu'il ressue, on démonte le tas et on met l'orge en couches de quelques centimètres d'épaisseur; couches qu'on fait plus épaisses en hiver qu'en été, surtout quand on n'a pas de germoir tempéré. Dans cet état le grain prend une température plus élevée, et devient sec à la surface; cette température s'élève de 10 à 20 degrés centigrades. Au bout de 24, 36 ou 48 heures, suivant la température de l'air ambiant, et l'épaisseur de la couche, l'enveloppe du grain s'entr'ouvre, il se manifeste un point blanc qui se développe bientôt en radicelles, puis plus tard apparaît la plumule, qui complète la germination.

Sous un point de vue général, la germination développe de la chaleur, mais, comme elle doit s'opérer avec lenteur et mesure, et qu'une température élevée donnerait lieu à un développement trop rapide, on a soin, dès que les radicelles commencent à paraître, de modérer ce développement excessif en remuant toujours à la pelle, diminuant l'épaisseur de la couche et arrosant avec de l'eau.

On n'est pas d'accord sur la température à laquelle on doit laisser le grain s'échauffer spontanément dans la germination artificielle.

Nous avons dit que cette température devait être de 0 à 15 degrés centigrades, qui est celle assez généralement adoptée par beaucoup de brasseurs en Angleterre, mais dans certaines localités on laisse le grain s'échauffer jusqu'à 17 degrés, tandis que dans d'autres on vire jusqu'à 25 degrés et plus. Il est loin cependant d'être démontré que cette élévation soit utile, et si on prend en considération les réactions chimiques et les combinaisons qui peuvent s'opérer dans les éléments du grain à des températures aussi élevées, il est certain qu'elles doivent être plutôt nuisibles, loin d'être avantageuses au développement d'une bonne germination, du moins comme on veut l'obtenir dans l'art du brasseur, puisque plus le grain a reçu une température peu élevée pendant cette opération, plus il est de bonne qualité.

Lorsque les radicelles ont atteint une longueur d'environ 1 1/4 à 1 1/3 de celle du grain, et la plumule celle de 3/4, on arrête l'opération et c'est le moment où on peut constater si l'on a convenablement arrosé, remué le grain et entretenu une température convenable. Dans ce cas, toute la masse du grain offre une germination bien égale, c'est-à-dire que les radicelles et la plumule y sont d'une longueur très-uniforme, et au degré de développement indiqué qui semble être celui que l'expérience semble démontrer comme étant le plus avantageux pour la fabrication de la bière (quoiqu'il y ait cependant des brasseurs qui n'arrêtent seulement le développement de la plumule que lorsqu'elle est sur le point d'apparaître à l'extrémité du grain.)

Le praticien doit régler la température, le pelletage des tas, les arrosages dans ses travaux d germination sur la température ambiante, la nature et la qualité du grain, l'espèce de bière qu'il veut fabriquer, et il en est de même de la durée qu'il doit mettre à cette opération, durée qui, en France et en Belgique, est de 10 jours, mais qui dans quelques pays, où on opère à basse température, comme en Angleterre, est de 14, 18 et même de 21 et 22 jours, selon les circonstances.

L'orge, mouillée de la manière ordinaire, évacuée sur le sol du germoir et étendue en couche mince de 12 à 15 centimètres de hauteur, est pour la première fois retournée après 4 ou 6 heures, et selon la saison et la température du local, on en forme un tas carré ou oblong à surface supérieure unie de 20 à 25 centimètres de hauteur. C'est ce qu'on appelle former le tas. Il est bon de tenir ce tas dégagé autant que possible des murailles du germoir, car la température des côtés du tas qui touchent le mur est différente de celle des côtés qui se trouvent sur l'aire ou sol du germoir. Il est nécessaire aussi pendant que l'orge est humide d'opérer le pelletage en l'éparpillant en l'air.

A une température du germoir de 12 à 15 degrés centigrades, on retourne le tas matin et soir, c'est-à-dire toutes les 12 heures.

A une température plus élevée, toutes les 6 ou 8 heures, ce qu'on opère par un pelletage de 2 ou à 3 coups.

Après chaque pelletage, on maintient la couche à la hauteur que nous avons indiquée. Alors, par l'action de la force vitale qui se trouve éveillée, s'opère l'échauffement de la couche qui commence après 30 ou 40 heures, et se manifeste le développement de la radicelle. Dans cette phase, on remarque d'abord à la surface supérieure de la couche une légère sueur. Des points blancs apparaissent à l'une des extrémités des grains; la radicule est sur le point de sortir, l'orge pique. Le tas est aussitôt retourné de nouveau en diminuant un peu sa hauteur, et l'on attend alors jusqu'à ce qu'il soit de nouveau en sueur et que la chaleur soit de 17 à 18 degrés centigrades, ce que l'on connaît en plaçant et en laissant quelque temps un thermomètre dans le milieu du tas. Alors se montrent les premières radicelles qui se développent lentement. Si le germoir, comme en hiver, est d'une température moins élevée que 10 degrés centigrades, ou que la germination s'opère pendant la gelée dans un germoir au-dessus du sol, l'opération est plus difficile. On peut, par exception, non-seulement donner au tas une hauteur plus grande de quelques centimètres, mais encore, ce qui a lieu souvent, chauffer un peu le germoir afin que l'orge puisse arriver d'autant plus sûrement à la sueur, et que la germination, par l'action de la température extérieure, ne soit plus exposée à une interruption trop grande. (Il y a des brasseurs qui couvrent le tas de sacs ou de balles à houblon vides, afin d'empêcher l'effet de la gelée ou du froid qui arrête la germination.) Dans ces circonstances, il est aussi préjudiciable, en retournant le grain, de l'éparpiller en l'air, car il se refroidit beaucoup par ce traitement et il est plus difficile de le rechauffer, mais une bonne cave tempérée remédie à toutes ces difficultés.

Pendant les temps plus chauds, au contraire, il faut prendre soigneusement les précautions suivantes : on doit, non-seulement faire une couche de moins d'épaisseur que 15 centimètres, mais encore beaucoup de malteurs, pendant l'été ne la font que de 10 centimètres à tous les pelletages; on ne peut assez recommander de la retourner souvent pour opérer son refroidissement et éviter par là qu'elle ne s'échauffe trop et trop rapidement.

Habituellement, vers ce moment de l'opération, on place sur le tas une pelle sur laquelle se dépose la sueur pour constater de cette manière le degré élevé de la température dans l'orge en germination, ce qui se fait beaucoup mieux et beaucoup plus sûrement au moyen du thermomètre qu'on y plonge; car l'observation de la sueur déposée sur la pelle et la constatation de la chaleur avec la main ne sont pas des signes infaillibles, et ce n'est que par un soigneux essayage et la constatation de la température au moyen du thermomètre que le malteur peut se rendre maître de son travail et opérer le développement des radicelles, suivant son désir et ses besoins.

Dès que le tas a atteint 17 à 18 degrés centigrades, on le retourne encore, après quoi, s'il est de nouveau à ce degré, il vient en sueur. Alors apparaissent 3 ou 4 radicelles et même davantage selon l'espèce d'orge; elles deviennent plus longues et s'entrelacent un peu entre elles. On retourne le tas encore une fois, en abaissant toujours un peu sa hauteur, et d'autant de centimètres qu'il y a de degrés d'augmentation de chaleur, jusqu'à 10 et même 8 centimètres dans les cas extrêmes. De cette manière le pelletage de tas, depuis le moment où il est arrivé pour la première fois à la sueur doit être opéré 4 fois; mais après chaque pelletage, le tas est toujours rendu plus bas, jusqu'à ce qu'enfin l'orge ait poussé convenablement. Alors on l'étale en couche tout à fait mince qu'on laisse en cet état 8 à 10 heures encore avant de la transporter au grenier d'aérage.

On ne saurait, d'ailleurs, recommander trop de soins et d'attention si on veut obtenir un bon malt, poussé uniformément et surtout surveiller trop à ce que la température du tas ne dépasse jamais 20 degrés centigrades. On ne doit donc pas faire une couche trop épaisse comme cela se pratiquait dans l'ancienne méthode, car, par une élévation de la température, il se forme de l'acide lactique et toute la masse peut s'entrelacer. Aussi, en faisant germer de cette manière, n'y a-t-il qu'un certain nombre de radicelles entrelacées et le grain doit tomber de la pelle, comme on dit en terme de brasseur, de la même manière que la *salade*.

D'après cette méthode de germination, les radicelles doivent avoir un tiers de plus que la longueur du grain, et chaque graine 3 ou 5 radicelles qui doivent être frisées et non raides, car ce serait le signe que la germination a eu une marche trop prompte, et, par conséquent, défectueuse.

Parmi les signes visibles au moyen desquels on peut reconnaître dans les grains germés si l'opération a eu une marche convenable, nous pouvons ranger aussi l'observation de la plumule et celle de son développement pendant l'opération. Cette plumule, qui se trouve dans chaque grain qui germe, commence à pousser également tandis que pousse la radicule : si la germination n'a pas été interrompue en temps opportun, elle finit par apparaître à l'autre bout de la graine, et prend en ce cas le nom de *hussard*. Elle part du même point que la radicule, c'est-à-dire de l'embryon, mais suit une direction opposée, et l'on peut voir par une ligne renflée à l'intérieur du grain les progrès de son développement ou encore en enlevant avec l'ongle l'enveloppe corticale. On admet qu'alors seulement la transformation de la dextrine en diastase et la désagrégation de l'amidon du grain ont eu lieu, quand, simultanément aussi, la plumule s'est développée sous la pellicule aux 3/4 de la longueur du grain. C'est pourquoi dès que cette longueur est atteinte on interrompt, non-seulement son développement, mais encore celui de la radicule. Toujours est-il que l'apparition du hussard est un vice capital, car on éprouve par là une perte réelle de substance utile.

## Du pelletage.

Le pelletage consiste donc à enlever à la pelle la surface des grains, à les jeter sur le sol du germoir à quelques pieds de distance, en faisant tourner cette pelle dans la main non serrée placée au bas du manche, tandis que la main située en haut le tient fortement, afin de pouvoir éparpiller les grains en les retournant, pour leur ôter le plus possible de leur chaleur excepté pendant la gelée quand on ne se sert pas de germoir tempéré.

Pour la partie restante de la couche, on la retourne et la rejette en l'éparpillant par-dessus le pelletage aussi par petite partie à la fois et en agissant toujours de la même manière, de sorte qu'après avoir ainsi pelleté la première ligne de la largeur de la pelle, et de toute la largeur de la couche, on recommence de la même manière la deuxième ligne, et ainsi de suite jusqu'à ce qu'on ait retourné toute la couche entière.

Par ce moyen, la surface de la couche se trouve en-dessous et le fond vient au-dessus. On fait ainsi germer les grains aussi également que possible, en agissant de manière à placer toujours le dessus par-dessous et en pelletant, selon le cas, deux et même quatre fois par jour, comme en Allemagne, car plus on le retourne souvent plus il germe d'une manière égale.

Ce pelletage est une affaire de pure pratique et

un peu d'habitude suffit souvent pour le bien exé-
cuter.

Quant à l'humidité, si l'on voit qu'il en a trop
perdu, on y supplée par arrosage.

Le nombre de pelletages et le moment où les
grains doivent être retournés ne dépendent donc
en général que de l'allongement des germes et de
la plumule et de la chaleur de la couche dont on
arrête l'élévation en la pelletant.

### Des couches.

Pour savoir placer l'orge en couche à la hauteur voulue selon la température du germoir et
plus tard suivant la chaleur de la couche, il faut
une mesure, surtout dès le commencement, tant
que l'œil n'est pas suffisamment exercé.

On peut tracer un mètre et ses divisions sur le
manche d'une pelle ou sur du fer plat, la velte
d'un tonnelier est très-convenable à cet effet, mesure que l'on enfonce perpendiculairement jusqu'au sol, dans toute l'épaisseur de la couche,
après avoir fait au mètre une ligne fortement
marquée à la craie, à la hauteur que l'on doit
donner à la couche, selon que la règle l'indique,
en ne laissant pour ainsi dire pas dépasser au grain
la marque à la craie tracée sur le mètre.

Quand la température du germoir est fort élevée, c'est-à-dire pendant les fortes chaleurs et
qu'il est assez vaste, on donne de préférence beau-

coup plus de longueur que de largeur à la couche, ayant soin dans tous les cas, de replacer le grain en le pelletant, le plus légèrement possible, afin qu'il n'acquiert pas vite une chaleur élevée.

Pour connaître la chaleur de la couche, le mieux est de placer dans l'épaisseur et à différents endroits un thermomètte que l'on laisse assez longtemps, afin qu'il monte à la température qu'a réellement le grain, et c'est cette chaleur même de la couche qui indique que c'est à telle ou telle épaisseur que le grain doit être replacé pendant le pelletage.

Nous devons ajouter que le malteur doit prendre garde de ne pas écraser ni détériorer aucun grain dans le germoir, car dans les grains ainsi tués ou écrasés, il se forme également de l'acide lactique, qui même par le touraillage du malt, n'en peut plus être éloigné, et tandis que ce grain passe en partie aussi en pourriture, il cause le préjudice de servir cette pourriture aux grains qui l'environnent pendant le développement du germe, en donnant lieu parfois à une germination accélérée de ces grains, et par suite à un malt irrégulier.

Par cette raison, nous devons conseiller de n'entrer jamais au germoir qu'en chaussons spécialement affectés à cet usage ou encore mieux en semelles en caoutchouc confectionnées à cet effet.

On reconnaîtra que ce point est plus important qu'on ne le penserait peut-être de prime abord.

Dans la manière de malter très-rapidement lorsque les tas se suivent promptement, et que la germination est conduite à une température élevée de 20 à 28 degrés centigrades, on n'a besoin que de quatre à cinq jours pour finir le travail du tas, tandis qu'avec la méthode lente, comme on la pratique à la malterie de Blangy, avec des tas plus bas et une température moins élevée, on a besoin de sept jours et plus, selon les saisons.

Si l'on conduit la germination avec l'habileté et le soin désirables, il ne se trouve dans le tas que peu de grains qui n'ont pas germé. D'ailleurs, en ceci encore, influent considérablement l'âge et la qualité de l'orge, et, comme cette dernière n'est pas tous les ans de la même qualité, l'expérience a prouvé que dans plusieurs années, sur cent grains d'orge, il y en avait à peine un qui ne germât point, tandis que dans d'autres années, il pouvait s'en trouver un dixième et même plus.

Mais si l'on a affaire à une orge qui, par suite de conditions de temps, de gelée, par exemple, n'a pu se développer et dans laquelle, comme pour la récolte de 1860, presque la moitié des grains n'a pu développer sa force germinative, ou qui renfermait, à l'état de mélange, des grains déjà germés sur pied ou dans la grange, dans le travail d'une telle orge au germoir, il s'ensuit une production d'acide lactique, car tous les grains qui ont été mouillés, et n'ont pu pousser leurs germes, deviennent lactiques inévitablement, de telle sorte que cet acide lactique passe dans la bière et lui communique un goût acerbe. Et bien que l'acide lactique ne soit pas nuisible à la santé quand il ne se trouve pas en trop forte quantité, il résulte pourtant que sa présence dans la bière exerce sur son goût une influence nuisible.

On ne peut donc, avec un malt atteint de ces défauts, y remédier un peu qu'en le lavant à l'eau froide, pour le priver ainsi d'une partie de l'acide lactique avant de le tourailler, et pendant le brassage en faisant usage de charbon animal dans la farine de la cuve-matière, etc., comme il a été plus amplement expliqué dans le *Livre de poche du Brasseur.*

En général, on peut prendre comme règle, pour l'épaisseur et le travail des couches dans la germination artificielle, que : *plus lentement et plus régulièrement on conduit l'opération de la germination, meilleur sera aussi le malt obtenu.* Le maintien d'une température basse ne peut donc jamais apporter de dommage, mais une température trop haute, ainsi que nous l'avons déjà indiqué, favorise la formation de l'acide lactique, et encore, dans le cas d'une élévation trop grande, les germes se fanent, retombent, c'est-à-dire tuent l'embryon et interrompent par là l'opération de la germination.

## Du temps que dure la germination ordinaire.

L'opération de la germination suivant la méthode tempérée, exige de 6 à 7 jours au moins et de 8 à 12 jours au plus selon les saisons, tandis que lorsqu'on fait germer comme on le fait souvent à la température de 25 à 30 degrés centigrades, il ne faut guère que 4 à 5 jours.

Comme nous venons de le dire, pour obtenir un malt de bonne qualité, il est de règle que l'opération doit être conduite avec une certaine lenteur et beaucoup de régularité; mais une infinité de circonstances peuvent obliger à agir autrement ou venir entraver cette opération ou du moins la rendre plus difficile à conduire et à mener à bonne fin. Ainsi, aux températures modérées du printemps et de l'automne, quoiqu'on ne possède pas de germoir tempéré, on peut souvent préparer avantageusement d'excellent malt en observant les conditions ci-dessus formulées, mais dans les autres saisons de l'année la température est tantôt trop froide, tantôt trop chaude pour faire germer avec avantage dans un germoir ordinaire, à moins d'employer des moyens pour relever la chaleur du germoir ou pour l'abaisser selon le cas.

## Epoques les plus favorables pour la germination.

Les époques les plus propres pour le maltage

sont le printemps et l'automne, où la température est modérée, car, dans les temps froids, le malt ne peut pas sécher dans le grenier d'aérage, si l'on n'est pas outillé de manière à pouvoir sans inconvénient transporter directement tout le grain du germoir à la touraille. En été, la température est trop élevée, ce qui amène une germination trop prompte et trop irrégulière, si le germoir ne se trouve pas dans une cave bien fraîche ou tempérée et la cuve-mouilloire dans les mêmes conditions.

La germination, dans les autres saisons de l'année où la température est trop chaude ou trop froide, exige des moyens pour relever ou abaisser celle du germoir, ce qui entraîne toujours à des frais et ne réussit que rarement.

## Circonstances qui s'opposent à une bonne germination de l'orge.

Les diverses circonstances qui peuvent mettre obstacle à une bonne germination, indépendamment de ce qui a été indiqué précédemment, sont :

1º L'emploi des grains échauffés, même ayant perdu leur odeur particulière qui les distingue et qu'on fait même disparaître à force de les faire passer au crible. Nous avons parlé des moyens de les reconnaître.

2º Le mélange des différentes sortes d'orge, comme de l'orge de mars avec de l'orge d'hiver, de vieux grains avec des nouveaux, des orges de différents pays produisent une mauvaise germination tout à fait irrégulière.

3° Les grains trop nouvellement récoltés, qui n'ayant pas eu assez de grenier pour être suffisamment ressués, c'est-à-dire qui n'ont pas eu le temps de se bien sécher sur le grenier en les retournant de temps en temps à la pelle, ou sur la touraille par un feu fort doux, surtout l'orge de mars qui demande d'avoir perdu son feu qu'elle conserve même ordinairement jusqu'aux premières gelées; cette dernière céréale s'échauffant, dans ce cas, beaucoup plus fort que l'orge hivernée; t ndis qu'au contraire, elle s'échauffe moins vite que l'escourgeon quand elle est récoltée depuis assez longtemps.

4° Les grains qui ont reçu beaucoup d'eau pendant la moisson germent plus difficilement bien que ceux des années sèches.

5° Les petits grains, surtout ceux qui ne sont pas assez farineux et qui étant jetés dans l'eau y surnagent, ne germent aucunement, puisque ces mêmes grains, s'ils étaient semés en plein champ, n'y germeraient pas plus, détériorent le malt, quand on n'a pas soin de les extraire du grain convenable.

6° L'usage comme germoir d'une place dont la maçonnerie est trop nouvellement construite, surtout si cet endroit n'est pas planchéié, parce que le carrelage du plancher et les murailles trop nouvellement construites brûlent les grains à cause de

la chaleur de la chaux trop récemment mise en
œuvre par son contact avec l'eau. Cette dernière
circonstance a déjà empêché certains brasseurs de
pouvoir faire de la bonne bière dans une brasserie
neuve pour ce seul motif, sans qu'ils aient pu en
découvrir la cause. Pour remédier à cet inconvénient, quand la maçonnerie est sèche, on nettoie à
grandes eaux bouillantes toutes les parties du germoir où doivent être placés les grains.

### Des altérations du grain pendant la germination.

Il arrive quelquefois, l'été surtout, que l'odeur
développée par la germination devient désagréable
et sent plus ou moins le moisi ou l'échauffé, comme
on dit vulgairement; c'est un très-mauvais pro-
nostic qui annonce que l'opération marche mal,
c'est-à-dire qu'une partie des grains s'altèrent.

En effet, dans ce cas, si l'on examine de près
les grains, on en remarque un plus ou moins grand
nombre qui se recouvrent de points noirs ou bruns;
puis apparaissent des moisissures blanchâtres, causées par une altération profonde du grain attaqué
qui ne tarde pas à entrer dans une espèce de putréfaction, se propageant rapidement d'un grain
à l'autre. Ces accidents, très-pernicieux, pus-
qu'avec du malt quelque peu altéré, il est impossible de faire de bonne bière, se reproduisent assez
souvent dans les fortes chaleurs.

Quand cela arrive, ce qu'on a de mieux à faire,

c'est d'étendre l'orge en couches plus minces et de le retourner moins fréquemment de manière à hâter la germination. C'est ainsi que cela se pratique généralement à Louvain, où l'on fait germer tout l'été, dans la plupart des brasseries, et on a pu se convaincre que cette méthode, en apparence très-mal raisonnée, était cependant bonne dans le cas en question ; car si, de cette manière les brasseurs pressent trop la germination, et si par cela même ils éprouvent une perte sensible dans les matières féculentes, du moins ils préviennent, autant que faire se peut, la putréfaction du grain qui est le plus grand mal de tous, comme le savent fort bien tous les brasseurs expérimentés de cette ville si renommée pour sa bière blanche.

## Du terme où doit s'arrêter la germination.

Quels sont les indices auxquels on reconnaît que la germination n'est pas terminée ?

Beaucoup de brasseurs se règlent sur la longueur des radicelles, mais c'est là un signe peu certain, car une bonne germination ayant pour but de contenir les racines dans les limites d'un faible développement et de favoriser au contraire l'extension de la plumule, la longueur des premières diminue à mesure qu'on réussit mieux à conduire cette opération dans des conditions économiques.

D'autres pensent que ce terme est arrivé, lorsque

les radicelles commencent à se flétrir, que les
pointes jaunissent et se rident; ce sont là également
ment des indices tout à fait équivoques et qui
apprennent seulement que l'eau fait défaut au
germe, ou que la température est trop froide,
comme quand il gèle et que la germination est
suspendue.

La seule règle générale qu'on puisse prescrire
à cet égard est donc basée sur l'observation du
développement de la plumule qui n'apparaît qu'un
peu après les radicelles et qui, en 7 à 8 jours,
a atteint ordinairement les 3/4 de la longueur du
grain.

D'après certains auteurs et malteurs, la plumule
ne doit pas prendre d'expansion au-delà de la
moitié du grain; d'après d'autres des 3/4 du grain;
ceux-ci veulent qu'elle ne soit arrêtée que quand
elle est sur le point de percer, ceux-là veulent
l'arrêter seulement quand elle a commencé à
poindre à l'autre extrémité du grain. D'après
toutes ces indications, on doit avoir égard à deux
points principaux, ou à la nature et à la qualité du
grain ou à la sorte de bière que l'on veut fabriquer.

Lorsque le grain est fort maigre ou d'une qualité tout à fait inférieure, on ne doit guère laisser
étendre la plumule qu'à moitié de la longueur du
grain, parce qu'un pareil grain sera tout à fait
épuisé si on le laisse poindre plus avant ou dehors.
Lorsque le grain est d'une qualité tout à fait supé-

rieure, comme l'orge Victoria, et pour faire des bières renfermant beaucoup d'alcool, comme les bières anglaises, par exemple, on est d'avis de laisser prendre la plus longue extension à la plumule ou jusqu'à ce qu'elle soit sur le point de percer le grain, parce que, en effet, l'orge ne devient bien friable, quand elle a été en tout point convenablement préparée, que jusqu'où s'est étendue la plumule ; ainsi, elle n'est tout à fait friable que jusqu'à moitié du grain si l'on n'a laissé la plumule pousser que jusqu'à moitié et ainsi de suite.

Dans la méthode ordinaire, ce qui doit donc régler la continuation ou non des pelletages, c'est la plumule ou gemmule qui ne doit aller que jusqu'aux trois quarts de la longueur du grain, car alors la quantité de diastase ou de matière transformatrice formée est suffisante pour accomplir ultérieurement la solubilisation de tout l'amidon du grain.

C'est là le point convenable ; on peut même aller jusqu'à l'instant où la plumule cherche à poindre, en évitant le plus possible, ce qui n'est pas toujours facile, que la plumule ne perce l'enveloppe corticale ; car si la plumule sort des lobes, la diastase est détruite en proportion de l'excès de végétation de la plumule, la substance farineuse (ou l'amidon) se change en une autre, doucereuse et fluide, qui bientôt passe dans la tige et laisse l'amande tout à fait épuisée

La substance doucereuse ainsi produite par les premiers effets de la végétation, et dissipée par son action plus puissante, renaît et reparaît dans la tige; mais elle est alors trop dispersée et altérée dans sa forme pour être d'aucun usage au brasseur. De plus, un semblable malt communique à la bière un goût herbacé ; ce qui gâte le bouquet ou arôme de la bière et lui fait perdre beaucoup de sa force en extrait.

Aussitôt que la germination est arrivée à son terme on transporte le grain dans le grenier d'aérage.

### Des indices d'une bonne germination de l'orge.

Outre le signe caractéristique que nous venons de signaler, on reconnaît la bonne germination de l'orge, lorsque la radicule est plutôt grosse que fine ou trop déliée, qu'elle est plutôt frisée que raide ou droite, en imitant la patte de l'araignée et commençant à s'attacher un peu par bouquet à la fin de la germination ; mais jamais assez pour que les grains s'entrelacent et gazonnent; lorsque la végétation des grains est égale, c'est-à-dire, que les uns ne sont pas plus avancés dans la germination que les autres, ce qui s'obtient seulement par un assez grand nombre de pelletages et en prenant le plus grand soin de ne pas laisser trop élever la chaleur du grain relativement à la température de l'air ambiant ou du germoir.

### Aérage du grain germé.

Lorsque la germination est arrivée aux limites que nous venons d'indiquer, le grain, ramolli au point d'être écrasé par la pression des doigts, peut être transporté sur la touraille à plateaux multiples ou dans le grenier d'aérage quand on n'emploie qu'une touraille simple ; et ce grain donne ainsi un bon malt, léger et laissant des résidus peu abondants. Si on laissait le travail de la germination continuer, le grain perdrait non-seulement de sa substance par le développement de la plumule et des radicelles, mais l'eau d'arrosage lui en enlèverait aussi une autre portion ; d'ailleurs, au touraillage il passe aisément à l'état vitreux et devient difficile à égruger, et dans les trempes l'eau a de la peine à en dissoudre les substances utiles.

Il est donc nécessaire de soustraire à ce malt l'excès d'humidité qui favorise la persistance de la végétation, en l'exposant à l'air en couches minces et le retournant fréquemment.

### Aérage du malt quand on travaille avec une touraille à simple plateau ou à plateaux multiples.

C'est surtout quand on travaille avec une touraille à un seul étage ou plateau que le séchage du malt à l'air est avantageux et économique, mais il l'est aussi avec les tourailles à deux plateaux, parce qu'on peut faire sécher le malt sur le plateau supérieur sans augmenter la dépense en combustible, et qu'un malt déjà séché à l'air est bien plus promptement desséché sur cette première aire que celui qui est chargé d'humidité. Dans tous les cas, un malt qui a été bien asséché par des courants d'air est plus uniformément sec que celui qui a été saisi par une température artificielle assez élevée. Les substances albumineuses y conservent une plus grande propension à se dissoudre dans l'une des trempes, la chaleur assez élevée du touraillage définitif a bien moins de disposition à le faire passer à l'état corné ou vitreux, et enfin un malt séché parfaitement à l'air n'éprouve plus guère de mouvements dans les greniers où on l'emmagasine ou le conserve.

L'aréage a donc d'abord pour but de permettre de conserver le malt en magasin; il a aussi un autre avantage qui est d'économiser le combustible lors du touraillage. Il est bien évident, en effet, qu'un malt sec a besoin d'une bien moins grande somme de chaleur pour être touraillé qu'un malt chargé d'humidité qu'il faut expulser par une dépense de combustible. De plus, dans un malt qui n'est pas bien sec, les grains adhèrent et se soudent entre eux sur la touraille, et la moûture s'en opère moins régulièrement.

### Grenier d'aérage.

L'opération du séchage du grain à l'air s'exécute dans le local appelé *grenier d'aérage*.

Ce grenier d'aérage est construit sur un principe différent de celui destiné à la germination. D'abord, il doit être plus étendu puisqu'on y étale le grain germé sur une plus faible épaisseur et on doit compter à peu près sur une surface en mètres carrés de 3 mètres 25 à 3 mètres 50 par hectolitre d'orge (système de Louvain). Il faut qu'il soit pourvu de tous les côtés d'ouvertures qui permettent d'y établir des courants d'air par tous les vents, et le toit doit aussi être pourvu de châssis à tabatière ou de trappes qu'on ouvre au besoin pour l'évacuation de la buée qui tend toujours à s'élever dans les parties hautes.

### Du sol ou aire du grenier d'aérage.

On a conseillé d'en construire le plancher en pierres ou briques poreuses ou en bois qui absorberaient une partie de l'excès d'humidité. Mais c'est, selon nous, une grave erreur. En effet, les liquides qui peuvent suinter du malt sont absorbés en entraînant toujours avec eux des matières végétales qui, pénétrant dans les pores du bois, des pierres ou des briques poreuses, finissent par y éprouver un mouvement de décomposition, et par répandre dans tout le grenier des germes fermentescibles qui peuvent compromettre la pureté du malt et même le mettre entièrement hors de service. Il est plus prudent de daller ce local en bonnes pierres, à grain fin et compacte, ou, à défaut, en briques ou carreaux dures, denses et bien cuites, bien cimentées, qui n'absorbent aucune humidité.

### Du travail du grenier d'aérage.

Le travail du grenier d'aérage se borne à étendre le malt en couches minces qu'on retourne plusieurs fois par jour en le lançant à la pelle pour le bien diviser et le faire retomber en une sorte de pluie.

Si le temps est sec et l'air agité, on peut pelleter le malt deux ou trois fois par jour, s'il est humide et calme, il faut répéter ce travail plus fréquemment.

Dans ce traitement, les radicelles se rident et se fanent, la plumule s'arrête mais le travail intestin se poursuit toujours jusqu'à un certain point, seulement il faut bien faire attention que pendant que ces phénomènes se montrent, le malt ne contracte une odeur de moisi qui se communiquerait à la bière, et c'est pour cela qu'on doit multiplier les pelletages et veiller à ce qu'il ait toujours une bonne ventilation.

### Aérage du malt pour la bière blanche.

Enfin, comme on fait encore dans beaucoup de localités des bières blanches dont le grain n'est pas touraillé, comme à Louvain, on a l'habitude d'employer pour ces bières du malt simplement séché à l'air dans le grenier d'aérage comme nous venons de le dire. Ce travail est long et dispendieux.

## Du ventilateur-centrifuge pour le séchage du malt à l'air.

On a cherché à abréger le temps du séchage du malt à l'air, et pour cela on a imaginé de construire un ventilateur-centrifuge dans le tambour en toile métallique duquel on introduit le malt humide et qu'on fait tourner sur son axe, en même temps qu'on fait passer à travers un fort courant d'air froid ordinaire.

Cet appareil opère avec une telle rapidité qu'en une heure ou deux au plus, le malt le plus humide est dépouillé de toute l'eau qu'il pouvait contenir et est aussi sec que s'il avait été retourné pendant longtemps et plusieurs fois par jour sur l'aire d'un grenier.

Ces appareils centrifuges ou ceux établis sur le même principe opèrent avec célérité; ils économisent l'espace et la dépense de premier établissement des bâtiments, et enfin ils offrent encore une particularité intéressante, c'est que dans leur rotation, ils détachent les germes du grain et qu'on peut les séparer de suite par un simple blutage, à moins qu'on ne préfère choisir pour le tambour une toile métallique d'une maille assez large pour permettre déjà, du moins en partie, ce blutage.

Ces appareils centrifuges exigent, il est vrai, une dépense énorme de force et d'argent.

## DU TOURAILLAGE.

### Son but.

Le touraillage du malt a pour but :

1° D'interrompre absolument la germination par la dessiccation des radicelles et de la plumule, et de le mettre à un tel état de siccité qu'il se conserve et puisse être concassé.

2° De fabriquer avec lui une bière conservable et ne s'acidifiant pas aussi facilement.

Puisque dans le malt, même quand il arrive à la touraille, après avoir été desséché à l'air, se trouvent encore des parties acqueuses, on doit admettre que, pendant le touraillage, par suite de la chaleur et de l'action de la diastase, une petite partie d'amidon qui se trouve dans le grain non transformé, se convertit en dextrine.

Peu de personnes peuvent se vanter de tourailler convenablement et sûrement le malt ; tout le monde a peur de former de l'empois avec l'amidon, par l'application d'une trop forte chaleur sur le malt humide.

Aussi est-ce une question qui est bien près d'être résolue affirmativement que celle de savoir si le brasseur ne doit pas plutôt abattre sa touraille et acheter son malt directement aux malteries spéciales.

Le brasseur perd 20 pour cent du poids de son grain ; s'il achète du malt 25 pour cent plus cher que le prix de l'orge crue, il a seulement payé à la malterie industrielle 5 pour cent en plus ; mais ce surplus du prix d'achat est bien plus que compensé par ce produit, parce que le malt fabriqué par des hommes spéciaux a des qualités auxquelles le brasseur ne peut que rarement atteindre, et qu'il donnera généralement 10 pour cent de rendement en plus.

On obtiendra ainsi des bières qui auront un goût fin, et qui seront claires et conservables.

Mais à part les bénéfices qu'obtient le brasseur qui achète son malt, il se procure encore d'autres avantages ; il peut donner tous ses soins à son état, visiter ses clients, surveiller leurs caves ; il peut supprimer son malteur, il épargne le charbon employé à chauffer sa touraille, qui est quelquefois une cause d'incendie, bien qu'on ait la prétention de tourailler à feu doux ; enfin, il peut utiliser son germoir pour en faire une cave de conserve.

Il y a trois méthodes différentes de touraillage qui influent plus ou moins sur la nature et la qualité de la bière qui en est fabriquée : 1° le touraillage du malt humide venant directement du germoir, 2° le touraillage du malt séché préalablement dans le grenier d'aérage et 3° le malt séché préalablement sur le second plateau de la

## De la touraille.

touraille avant d'être touraillé à la température convenable.

Un des premiers éléments de succès pour un brasseur réside dans la construction d'une touraille, appareil par lequel, au moyen de la chaleur artificielle, le malt peut être mieux et plus complétement séché qu'à l'air; quelques degrés de trop ou de trop peu suffisent pour changer du tout au tout les qualités du malt obtenu. Il importe donc que l'on ait un bon système de touraille, dont on puisse diriger la température avec une précision rigoureuse et qui remplisse, du reste, toutes les conditions voulues pour la célérité de l'opération, l'économie de la main-d'œuvre et du combustible.

La construction d'une touraille dépend de la situation, de l'étendue et de la traverse du local. C'est à chacun de disposer ses plans et ses constructions en conséquence.

Les conditions qu'on doit exiger d'une bonne touraille sont les suivantes :

1° La dessiccation doit s'effectuer avec la plus petite dépense de temps et de main-d'œuvre;

2° La consommation de combustible doit être aussi minime que possible;

3° Chaque espèce de combustible doit pouvoir y être employé;

4° La température doit y être réglée facilement;

5° Le malt doit être de bonne qualité, n'accusant aucune odeur de fumée et ne donnant pas de grains vitrés;

6° Les germes qui s'échappent du malt doivent pouvoir être facilement éloignés.

Ce n'est qu'avec une touraille réunissant toutes ces conditions qu'il est possible de produire un malt pâle et de bonne qualité et qui ne court aucun danger dans sa conservation, parce qu'au moyen de cette touraille la dessiccation obtenue est uniforme et régulière.

**Des deux sortes principales de tourailles.**

On distingue deux sortes principales de tourailles, savoir :

1° Les tourailles à feu direct;

2° Les tourailles à air chaud.

Les premières, auxquelles on donne habituellement la forme de selle ou de demi-selle ou encore d'entonnoir, sont les plus simples et les plus économiques.

Ce sont celles aussi qui, avec une bonne disposition, consomment le moins de combustible. Toutefois, pour les chauffer, on ne peut employer que du coke ou du bois de hêtre sec, tandis que les autres espèces de bois, de même que la houille, etc., ne peuvent pas y être utilisées, à cause du mauvais goût que contracterait le malt et par suite la bière.

Eu égard à leur disposition plus raisonnée, les

tourailles à air chaud sont supérieures et préférables aux tourailles à feu direct; car, dans les tourailles à air, le feu chauffe l'air, qui, passant à travers le malt, le dessèche sans lui communiquer la moindre saveur étrangère.

La disposition ordinaire d'une touraille à air chaud consiste en un plateau sur lequel le malt est étalé. Le plateau est posé sur une charpente en fer, de sorte que l'ouvrier peut marcher sur ce plateau pour retourner le malt.

Le plateau est placé habituellement à 4 ou 5 pieds au-dessus du plancher du grenier; l'espace qui se trouve au-dessous est entouré d'un mur en briques, et le fourneau repose sur le sol, c'est-à-dire à un étage plus bas.

Au-dessus du fourneau, on élève, en maçonnerie, un canal carré, en forme d'entonnoir, s'élargissant vers le plateau, qui repose sur la maçonnerie entourant le fourneau, et qui s'élève jusqu'à la chambre d'air chaud, ou jusqu'au plateau; il s'y trouve en outre des quatre côtés quatre à huit ouvertures (selon la grandeur de la touraille) pour donner passage à l'air froid; ou bien, au lieu de cet entonnoir, on construit une simple cheminée dans laquelle, vers le bas, est introduit et maçonné un fourneau en fonte. On la conduit jusqu'au plancher carrelé de la chambre à air chaud. On ménage également au-dessus du fourneau des ouvertures pour l'air froid.

A l'intérieur de cette cheminée ou de cet entonnoir, la fumée chaude est dirigée au moyen d'un large tuyau en tôle qui s'élève jusqu'à 60 ou 80 centimètres de plateau, où il forme serpentin à la même distance, mais avec une pente de 10 à 15 mètres.

La chaleur, de cette manière, est utilisée, et la fumée chaude, après ce circuit, va s'échapper dans une cheminée placée à proximité.

Le plateau est aussi entouré de briques réfractaires; il est muni d'une porte, d'une fenêtre, et au-dessus, et dans la direction verticale, se trouve un canal d'échappement en planches muni d'une fermeture à coulisses, et qui débouche à l'extérieur afin de donner un échappement prompt aux vapeurs qui se dégagent.

Cette touraille, dans la construction de laquelle on conserve aussi quelquefois des tourailles en selle, a pour avantage : que l'air atmosphérique qui pénètre par les ouvertures du bas se trouve chauffé, qu'il est entraîné vers le haut par le tirage, qu'il traverse le malt, et, comme cet air est chaud, sec, qu'il possède le pouvoir d'absorber et d'entraîner très-promptement l'eau du malt, l'élimination de l'humidité qui est contenue dans le malt est ainsi affectuée, le malt est desséché.

La fumée, n'étant pas en contact avec le malt, ce dernier n'en peut rien absorber, et c'est pourquoi l'on peut employer dans une touraille de ce genre toutes sortes de combustible.

Il existe une multitude de systèmes de tou-

railles; elles sont toutes basées sur le même principe. Nous n'entreprendrons pas leur description,
qu'on trouve d'ailleurs dans les journaux spéciaux
de la brasserie; c'est de visu que le brasseur doit
apprécier les avantages de détail de chaque système.

### Des tourailles à double plateau.

L'intensité du courant dans ces tourailles permet de superposer deux toiles métalliques pour un
seul foyer; celle inférieure, où s'achève la dessiccation du malt, laisse échapper l'air chaud qui,
peu saturé de vapeur, achève sa saturation en
traversant le malt étendu sur la toile supérieure
où commence la dessiccation.

L'espace entre les deux toiles, ou entre la toile
et un plancher à jour en tenant lieu, sera suffisamment élevé pour que l'homme puisse retourner
le malt de la toile inférieure.

Ce système de dessiccation a pour avantage
l'amélioration, l'économie de main-d'œuvre et de
combustible et la bonne qualité du malt.

Si une touraille à simple plateau est moins
puissante qu'une touraille à double plateau, et si
elle est construite d'après l'ancien système, c'est-
à-dire à feu direct, elle est encore plus inférieure
et présente plus de dangers d'incendie, tout en ne
pouvant produire un malt aussi bon et aussi doux
que la touraille à air chaud et à double plateau.

## De l'aire des tourailles.

La confection de l'aire ou plateau des tourailles influe considérablement sur le touraillage.

Les uns ont préconisé la tôle galvanisée, perforée, les autres les carreaux de terre cuite.

La tôle est un trop bon conducteur du calorique; un peu trop de feu, et le grain roussit, trop peu de chaleur, et le malt ne sèche pas du tout. Un moment d'oubli ou d'inattention, et voilà plusieurs hectolitres de malt compromis, avariés ou perdus. Il faudrait ajouter que tout en perçant le plus de trous possibles, on n'en aura jamais assez. Ce sont des *torrents d'air froid et chaud* qui doivent produire la dessiccation. Ces courants seront toujours faibles avec une tôle perforée, pendant les trois quarts du temps, les trous sont complétement obstrués par un ou plusieurs grains de malt, par conséquent ils ne livrent plus passage à la chaleur et la dessiccation ne s'effectue que par le calorique du plateau; alors, la partie inférieure sèche et brûle, tandis que celle du dessus reste dans le même état. Le produit obtenu est irrégulier, quand il n'est même pas tout à fait défectueux : la couleur en est inégale, la dessiccation aussi.

Les tissus métalliques, tout en étant comparativement peu durables, excepté les toiles doubles, conviennent mieux pour les plateaux de touraille. Que de brasseurs n'avons-nous déjà pas vus démonter leurs carreaux de terre cuite et les jeter à la voirie ! Combien n'en avons-nous pas vu aussi mettre à la ferraille les plateaux en tôle ! Que de brassins manqués ou au moins détériorés à la suite les uns des autres à cause d'une dessiccation irrégulière, ou brusque, ou à une température trop élevée !

La pratique a prononcé au sujet des matériaux propres à être employés pour l'aire des tourailles. Sur cent brasseurs à qui vous demanderez s'ils se sont bien trouvés de la tôle ou de la terre cuite, 90 vous répondront *négativement*. Voilà pourquoi nous conseillons de faire choix d'une bonne tôile métallique, surtout à double tissu, pour le plateau des tourailles; entretenue en bon état, au moyen d'une couche de minium qu'on y applique de temps en temps, elle formera l'appareil le plus propre à obtenir un grain bien touraillé. C'est moins durable que les carreaux de terre cuite, mais vu la perte de grain et la dépense de combustible, qui résultent de l'emploi de ces matériaux, dût-on faire renouveler la tôile métallique tous les trois ans, on l'aurait bientôt regagnée.

Ce n'est pas sans raison qu'on a donné la préférence aux plateaux en toile métallique, car ils présentent douze à vingt fois plus de surface de contact avec l'air chaud que les plateaux en tôle, et c'est pourquoi, outre la rapidité du touraillage, ils donnent aussi une dessiccation plus régulière, ce qui est d'une grande importance pour la qualité du malt.

Il faut donner la préférence à un tissu suffisam-

ment serré et pas trop lâche. Cela tiendra le milieu entre la tôle perforée et les carreaux de terre
cuite; de sorte qu'on évitera les dangers et les
inconvénients que présentent ces deux derniers
systèmes.

## Touraillage avec les tourailles à simple plateau.

Quand on fait usage d'une touraille à simple
plateau et à feu nu ou direct, c'est une amélioration d'étendre sur ce plateau une aire ou
tapis de crin, afin d'éviter que le malt ne se
roussisse ou soit atteint de coups de feu.

Avec les tourailles à air chaud, cette précaution devient inutile. On étend le malt après avoir
été séché à l'air, bien uniformément et à une
épaisseur sur le plateau de 12 à 14 centimètres,
et on chauffe au commencement très-doucement.
Si on veut produire un malt pâle, la température
ne doit pas dépasser 38 degrés centigrades, avant
que la plus grande partie de l'humidité ne se soit
évaporée. A ce moment seulement on peut élever
la chaleur à 50 jusqu'à 60 degrés centigrades, en
l'augmentant vers la fin de l'opération jusqu'à
75 degrés.

Le malt qui se trouve sur la touraille est à certains intervalles retourné au moyen d'une pelle,
et l'on facilite l'écoulement des vapeurs qui se
dégagent en ouvrant les ouvertures disposées
pour ce but, car si l'on ne favorisait pas autant

que possible la libre issue de la vapeur, celle ci,
rencontrant des couches d'air plus froides, se
condenserait en partie et retomberait sous forme
d'eau sur le malt en communiquant à ce dernier,
non-seulement un goût désagréable, mais encore
rendrait le touraillage plus difficile et le malt plus
plus facile à s'acidifier.

### De la température à la touraille.

La question des températures à la touraille est
très-importante, comme on a déjà pu le voir.

En arrivant du grenier d'aérage sur la touraille,
le malt renferme encore une quantité d'humidité
assez considérable. Si, dans cet état, sa température était élevée brusquement à 60 degrés centigrades seulement, sa fécule formerait empois
d'abord, se dessècherait difficilement ensuite, et
par la dessiccation le grain deviendrait dur, vitreux, d'un aspect corné, ce qui rendrait sa macération fort difficile et peu profitable.

Le point de dessiccation à l'air obtenu par le
malt sur le grenier d'aérage est important, et on
doit en tenir compte dans le chauffage de la touraille, car si le malt contient encore beaucoup
d'humidité, dès que la chaleur est élevée promptement, beaucoup de grains se vitrifient facilement
et, dans la trempe, se laissent plus ou moins difficilement pénétrer par l'eau chaude. Mais si l'on
met sur la touraille directement le malt du grenier sans aération préalable, on doit procéder

alors dans le chauffage de la touraille avec plus de précaution encore. Au commencement, dès le début, la température ne doit pas dépasser 32 degrés centigrades. A proportion que le malt devient plus sec, on élève lentement la température à 37 ou 38 degrés centigrades, afin qu'après avoir éloigné l'humidité on puisse élever la température jusqu'à 60 à 66 degrés, pour terminer à une température de 75 degrés centigrades.

Si on néglige cette précaution et, qu'au début, il se produise un degré trop élevé de chaleur, il peut arriver, qu'outre une coloration trop foncée, la partie extérieure du grain durcit et, en même temps, dans l'intérieur du grain, il se forme une agglutination de l'amidon. Les grains de malt mis en cet état sont entièrement perdus pour la trempe, car ils n'ont plus la propriété de se dissoudre dans l'eau chaude, et c'est pourquoi on les retrouve sans transformation aucune dans la drèche. C'est donc un principe très-important dans le touraillage et qui ne saurait être trop souvent répété : *que le malt, au commencement de l'opération, ne doit être exposé qu'à une chaleur douce, et qu'après l'évaporation de l'excès d'humidité la température ne doit s'élever que peu à peu, jusqu'à ce qu'enfin on arrive au degré de chaleur auquel on veut chauffer et dessécher le malt.*

Lorsqu'on charge la touraille, sa température ne doit pas dépasser 30 ou 40 degrés suivant que le grain est plus ou moins séché à l'air ; elle ne doit pas être assez élevée pour convertir l'amidon en empois, c'est-à-dire être au-dessous de 50 à 55 degrés centigrades ; et d'un autre côté, il lui faut un degré suffisant pour arrêter les progrès de la germination ; car sans cela, par une chaleur peu élevée, la plumule pourrait sortir de l'enveloppe corticale du grain.

Plus la dessiccation avance, plus on peut successivement élever la température, parce qu'une fois que le grain ne renferme plus que 16 à 18 pour cent d'eau, il n'est plus guère susceptible de se vitrifier, et la température peut être élevée à 60, 70 et même à 80 degrés, suivant la teinte qu'on veut donner au malt.

Mais ne perdons pas de vue que la diastase, ce principe saccharificateur, perd toute sa vertu vers 92 degrés centigrades.

On doit donc bien se garder de porter la température du grain au-dessus de 86 à 88 degrés centigrades.

### Du touraillage avec les tourailles à deux plateaux.

Quand on emploie la touraille à double plateau, on verse d'abord le malt vert sur le plateau supérieur, et quand sa dessiccation est avancée au point qu'il ne donne plus de vapeur, on le met sur le plateau inférieur et le plateau supérieur est de nouveau recouvert de malt vert, jusqu'à ce que le

malt inférieur soit entièrement desséché, le supérieur atteint de nouveau le degré donné de siccité
pour être écoulé sur le plateau inférieur.

On continue de cette façon le touraillage, et ce
mode a le double avantage d'économiser le combustible en effectuant une meilleure dessiccation.

Bon nombre de praticiens nient cette économie, en prétendant que l'humidité chassée du
plateau inférieur vient se loger dans le second
plateau, et n'en est éliminée que par une température assez élevée. L'expérience n'a pas encore
dit son dernier mot à ce sujet.

Mais quand on sèche le malt pendant huit ou
neuf heures sur le plateau supérieur, avant qu'il
ne vienne sur le plateau inférieur, et jusqu'au
point où il ne contient plus de vapeur, du moins
jusqu'au point où le malt n'en dégage plus, il ne
peut plus nuire par cela à la couche supérieure
de malt.

On doit donc admettre qu'avec une touraille à
double plateau, on obtient un bon touraillage du
malt avec économie de temps; car si, dans une
touraille à simple plateau, on prépare en 12 heures
une certaine quantité du malt, la même quantité
sera parfaitement touraillée en 9 heures, et pourtant elle a été exposée à l'action de l'air pendant
18 heures, ayant reposé 8 ou 9 heures sur le plateau supérieur, et le même temps sur le plateau
inférieur.

Peut-être ne sera-t-il pas hors de propos de

mentionner encore que le brasseur, avec une touraille à simple plateau, ne sera pas toujours facilement en état de régler sa température de manière à donner toujours au malt le même degré
de dessiccation, abstraction faite de cette circonstance, qu'avec un simple plateau la moindre
négligence dans le chauffage peut amener les plus
grands préjudices, comme nous l'avons déjà dit
plus haut.

Il en est tout autrement en faisant usage d'une
touraille à double plateau. Ici le malt, déjà passablement desséché et pouvant supporter une plus
grande chaleur, est apporté sur le plateau inférieur, tandis que le malt vert, pénétré encore
d'humidité, vient toujours sur le plateau supérieur, et puisque le foyer communique la chaleur
à la couche inférieure d'abord, la couche supérieure ne reçoit que la chaleur modérée qui sort
de la première et qui, à moins d'une faute des
plus grossières, ne peut s'élever jamais à une
température assez élevée pour pouvoir causer à la
couche supérieure un grand dommage.

Ces heureuses conséquences sont évidemment
subordonnées à la condition que ce sont des ouvriers expérimentés et intelligents qui conduisent
la touraille, ce qui ne se pratique bien que dans
les grandes brasseries et les malteries spéciales.

## Des tourailles à plateaux multiples.

On construit aujourd'hui beaucoup de tourailles à deux et même à trois plateaux, qui fonctionnent parfaitement et à l'entière satisfaction de leurs propriétaires. Mais nous n'en conseillons pas moins aux plus petits brasseurs, eu égard à l'exiguité de leurs établissements, de ne monter ou construire qu'une touraille à un seul plateau.

Donnant d'excellents résultats dans les grands établissements où des ouvriers habiles attachés à une besogne spéciale surveillent attentivement les diverses phases du touraillage, les tourailles à plusieurs plateaux multiplient les causes de touraillage défectueux dans les petites brasseries, où l'ouvrier qui retourne la touraille s'occupe aussi d'autres travaux dans l'intérieur de l'établissement. En effet :

1° On ne doit envoyer le grain sur le plateau inférieur qu'à un certain moment du touraillage, si l'on ne veut pas courir le risque d'obtenir bon nombre de grains vitrés et un malt peu friable.

2° D'un autre côté, par un touraillage énergique appliqué à ce même grain du plateau inférieur, il arrive quelquefois que la température de l'air chaud débouchant sous le plateau supérieur est trop élevée pour une dessiccation méthodique du malt, qui doit être au début à basse température.

Voilà pourquoi une touraille à plateau unique

convenablement établie convient mieux à l'exploitation d'un petit établissement.

## De l'application d'une pompe à air.

On a proposé, en 1865, d'appliquer à l'extérieur des tourailles un ventilateur, une pompe à air ou autre appareil d'épuisement offrant des conduits qui débouchent par des ouvertures dans l'intérieur de la touraille. Lorsqu'on met ces appareils en mouvement, la vapeur aqueuse qui s'élève du malt est entraînée, il et arrive de l'air froid ou mieux de l'air chaud sous le plateau. Cet air, en traversant le malt, sèche plus rapidement et plus efficacement que par l'ancien mode où on laisse souvent cette humidité suspendue sur le grain pendant tout le temps qu'il sèche. Le touraillage s'opère donc en la moitié moins du temps nécessaire au mode ordinaire, et on économise en proportion le combustible. D'ailleurs l'état friable du grain et sa couleur en son beaucoup améliorés, la température n'ayant jamais besoin de dépasser 42 à 44 degrés centigrades. On affirme que le produit augmente aussi à peu près de 5 pour cent, et qu'au trempage la matière saccharine est plus abondante, parce que l'amidon a été plus aisément converti, à raison de la basse température qu'il a éprouvée sur la touraille.

## La qualité du malt peut-elle être compensée par la quantité?

Quelques brasseurs pensent qu'on peut employer un malt de qualité inférieure et compenser la qualité par la quantité. C'est là une grave erreur, et un malt inférieur ne donnera jamais à la bière cette même saveur, ce même parfum que celui de qualité supérieure. Avec un malt de chétive qualité, on n'obtient que des moûts pauvres et malsains. Tout comme avec un café de médiocre qualité, on n'obtient jamais, quelle que soit la quantité qu'on en emploie, l'arôme, le goût recherchés produits par le vrai moka.

## Des caractères qui distinguent un bon malt.

Le malt pâle, touraillé à une température de 50 à 55 degrés centigrades au plus, n'a pas encore entièrement perdu la propriété de végéter, et c'est celui qui renferme la plus grande quantité de matières utiles; s'il a été bien germé, il est très-friable; pourvu qu'il n'ait pas subi un touraillage trop rapide, il se réduit très-facilement en farine, et c'est à ce caractère surtout que les brasseurs anglais attachent le plus d'importance pour reconnaître la qualité du malt, qu'ils doivent acheter, car ils ne le préparent pas eux-mêmes, comme on sait; ils en essayent un échantillon, dans un petit mortier en bois, et, si presque tous les grains ne se réduisent pas en farine, en broyant avec le pilon et sans opérer de choc, ils le rejettent ou ne l'achètent qu'à bas prix, pour le faire servir à la fabrication des bières de seconde qualité.

Un bon malt, préparé avec les précautions indiquées plus haut, se distingue par les caractères suivants : il a une saveur douce et une odeur agréable; le grain doit être bien plein, s'écraser très-facilement sous la dent et alors se réduire en farine en le pressant sur l'ongle; il nage sur l'eau, tandis que l'orge non germée tombe au fond. Enfin réduit en poudre fine et agité dans l'eau chaude à la température de 70 à 80 degrés, il doit s'y dissoudre entièrement en peu de temps, sauf la pellicule et une petite partie des matières azotées, et s'il renferme le maximum de diastase qu'on peut obtenir dans le *malt pâle*, il doit saccharifier ou dissoudre 7 à 8 fois son poids d'amidon, ou bien 12 à 15 fois son poids de farine de grains non germés.

### De la perte de poids au maltage.

La perte de poids que le grain éprouve au maltage est une question qui a fait l'objet des recherches de plusieurs praticiens et de quelques chimistes.

Nous dirons d'abord, d'une manière générale, que cette perte de poids est évaluée au moins à 20 pour cent par les praticiens, mais que sur ces 20 pour cent, on doit en déduire 8 à 10 pour cent qu'on peut attribuer à l'orge crue, qui est loin d'avoir une dessiccation aussi complète ou aussi forte que l'orge touraillée, de façon que celle imputable au maltage se réduirait de 10 à 12 pour cent.

Il faut faire attention, toutefois, que cette perte de 20 pour cent n'est sensible et réelle que pour le malt qui sort de la touraille, et que peu de temps après avoir été mis dans un grenier aéré et humide, le grain reprend une grande partie de son eau qu'il emprunte à l'humidité de l'air de façon que son poids augmente.

D'un autre côté, si le poids diminue, le volume du grain malté devient de 8 à 9 pour cent plus considérable que celui de l'orge crue qui a servi à le fabriquer, et par conséquent que, tout compensé dans la fabrication ordinaire, un volume d'orge crue donne, à 1 ou 2 pour cent près, le même volume de malt sec et débarassé de ses radicelles.

Les malteurs anglais, qui sont très-habiles et expérimentés, ont reconnu depuis longtemps qu'un poids de 100 k. d'orge maltée avec soin ne pèse plus, après le touraillage et le nettoyage, que 80 k.; mais que le grain cru, séché à la température du touraillage, perdant 12 pour cent de son poids en eau, les pertes réelles ne sont que de 8 pour cent.

Quand on veut se rendre compte du prix de

revient du malt qu'on fabrique ou qu'on achète, il est donc indispensable de porter son attention sur deux points importants. D'abord, la perte de poids de l'orge au maltage, perte qui se monte ordinairement à 20 pour cent, puisque 100 kilogrammes d'orge ne donnent qu'environ 80 kilogrammes de malt sec.

Ensuite, le degré de siccité du malt, puisque l'orge peut perdre au maltage 12 pour cent d'eau; qu'elle peut en reprendre une grande partie sur les greniers, et qu'ainsi son état hygrométrique influe considérablement sur son poids et partant sur sa valeur intrinsèque.

### Du nettoyage du malt.

Avant d'être déposé dans les greniers pour être employé, suivant les besoins, à la fabrication de la bière, le malt touraillé a besoin d'être débarrassé de ses radicelles qui attireraient l'humidité et pourraient y provoquer des réactions nuisibles à sa qualité, à sa purification et à sa conservation.

On se sert pour cette opération, entre autres, d'un appareil qui ressemble à un tarare à nettoyer le grain, ou mieux d'un nettoyeur ou crible en fils métalliques roulés sous la forme d'un cylindre, disposé dans une position inclinée, d'un diamètre de 1 mètre sur une longueur de 4 à 5. Sur les trois quarts de sa longueur les fils sont parallèles à l'axe du cylindre et très-rapprochés, tandis que dans l'autre quart ils sont disposés transversale-

ment à cet axe et assez écartés pour livrer passage au grain. Une trémie verse dans ce cylindre
le grain qui, en avançant sur les fils longitudi-
naux, se dépouille des radicelles qui tombent à
travers ceux-ci, tandis que le grain dépouillé qui
continue sa marche tombe à son tour à travers la
grille de fils transversaux dans une caisse destinée
à le recevoir. A cet appareil est joint un ventilateur pour chasser la poussière.

Disons, en passant, que le travail de la séparation des germes et du nettoyage du malt doit autant que possible s'opérer pendant que le grain est
encore chaud, comme cela se pratique à la malterie de Blangy, parce que, dans cette condition,
il a lieu plus facilement ; par conséquent, il faut
retarder cette opération le moins qu'on peut après
le touraillage.

### Des greniers d'emmagasinage et de la conservation du malt.

Comme premier point, si l'on a l'intention de
conserver du malt un certain temps, les radicelles
doivent être soigneusement séparées. Ces dernières possèdent, en effet, la propriété d'absorber
l'air atmosphérique, de sorte que, si l'on voulait
conserver le malt avec les germes, ils exerce-
raient une action très-préjudiciable sur le malt, et
le porteraient à la détérioration. Par cette raison,
on sépare d'abord les radicelles par le nettoyage
du malt, comme nous venons de l'indiquer, et l'on

procède à cet égard comme si l'on voulait préparer le malt pour le brassage. Dès que le malt est délivré de cette manière des germes et de la poussière, on le met en tas dans un grenier sec, bien fermé de toute part ou dans des récipients bien clos, et, pour une conservation plus longue, on le pellète toutes les trois ou quatre semaines, ce qu'on ne doit faire pourtant que pendant un temps sec, car, autrement, si l'on entreprenait le pelletage pendant une température humide, dans leur contact avec l'air humide, les grains absorberaient beaucoup d'humidité, ce qui pourrait causer un préjudice par une décomposition nuisible qui se produirait au sein du grain.

## Conservation de l'arôme du malt.

S'il est prouvé que la bière fabriquée avec du malt touraillé est bien plus agréable que celle qui provient de malt simplement séché à l'air, il n'est pas moins vrai, d'un autre côté, que c'est la touraille qui communique au malt l'arôme qui plus tard, donnera à la bière son goût agréable.

Cette observation a fini par faire donner plus d'attention à la manière de conserver l'arôme du malt. Pour atteindre ce but, le malt venant directement de la touraille est mis dans de grands vases bien secs, garantis le mieux possible de l'accès de l'air, et il s'y conserve, non-seulement sec, mais ne perd pas son arôme, tandis que sur des greniers aérés et humides, où il est souvent remué, plus longtemps il séjourne, et plus il perd.

## Moûture du malt.

La moûture du malt, qui a pour effet d'ouvrir encore le grain déjà attendri par le maltage, afin que l'eau chaude des trempes pénètre aisément toute sa substance et l'épuise de toutes ses parties solubles, s'opère aujourd'hui de trois manières différentes : 1° en écrasant simplement le malt pour en détacher l'enveloppe corticale et ouvrir la matière cellulaire; 2° en le soumettant à une moûture grossière ou sans le réduire en fine farine; et 3° en concassant ou égrugeant le malt entre des cylindres qui détachent l'enveloppe, laminent la partie amylacée et la rendent ainsi plus apte à subir l'action extractive et dissolvante de l'eau. Ces cylindres sont tantôt lisses, unis et fort rapprochés, tantôt cannelés et donnant une matière broyée plus fine.

La moûture par les meules demande beaucoup de temps pour être bien effectuée. les meules doivent fonctionner lentement; d'ailleurs, une moûture qui a lieu avec trop de célérité, ne vaut jamais rien, parce que l'échauffement que donnent les meules par leur vitesse de circulation brûlent le grain ou au moins communiquent une trop forte température à la farine, qui ainsi, a sa matière amylacée détériorée par une trop forte chaleur.

Un malt qui a été moulu avec soin doit présenter à l'œil une farine parfaitement uniforme, tous ses grains doivent y être bien broyés, les enveloppes y former un son long et large; enfin, à la trempe, ce son doit se tasser légèrement, former une sorte de filtre et rendre l'écoulement et la clarification faciles.

On a dans ces derniers temps donné la préférence à des moulins concasseurs dans la construction desquels entrent des cylindres qui ne réduisent pas inégalement le grain en farine, mais le concassent, l'ouvrent et le laminent de manière qu'il présente des surfaces étendues à l'action de l'eau et cela sans l'échauffer, sans le réduire en farine trop fine et sans le pelotonner, puisque l'opération se fait très-facilement sans arrosage, et avec moins de frais que par le procédé ancien.

Le malt qui a été broyé humide, comme cela se fait généralement avec les meules, doit être employé de suite ou du moins dans le plus bref délai possible, car déjà au bout de 12 heures, il peut s'échauffer, perdre sa saveur agréable et son arôme, contracter un mauvais goût et développer de l'acide lactique. Dans le cas où on serait forcé de le garder quelque temps avant de le soumettre aux manipulations du brassage, il faudrait le refroidir par des moyens artificiels, en le conservant dans un lieu bien frais pour l'empêcher de s'échauffer, en vidant les sacs, en plaçant la farine à une petite élévation et en le remuant de temps en temps à la pelle; et au moment d'en faire usage, si on remar-

quait quelque détérioration ou échauffement, ou
quelque tendance à la décomposition, il faudrait y
mélanger du charbon animal ou d'os, ou délayer
un peu d'acide phénique ou mieux encore de phé-
nol sodique dans l'eau qui doit servir à faire la
salade.

Quant au malt égrugé à sec par des concasseurs, il a moins de tendance à éprouver ces réactions et on peut le conserver dans un lieu frais. Il
absorbe bien l'humidité de l'air, mais ne s'échauffe
pas. Il est même bon de le laisser reposer à l'air
pendant quelque temps avant le brassage.

Parmi les concasseurs ou moulins pour brasseries les plus récemment employés, on cite le
moulin Rhénan, le moulin Horn, le moulin Gom-
baut, le moulin Pontifex, le moulin Alsoop, le
moulin Turner, le moulin Lacambre, le moulin
Humbrecht, le moulin Schiettinger, le moulin
Weinberger, etc., etc. Nous n'entreprendrons pas
dans cette première étude la description de tous
ces appareils; nous y reviendrons plus tard.

Le brasseur qui connaît les principes d'une
bonne moûture, doit du reste voir fonctionner ces
appareils chez les fabricants experts pour en apprécier tous les avantages.

Nous devons dire aussi que plusieurs malteries
ont depuis quelque temps pris l'initiative de con-
casser elles-mêmes leur malt, afin d'éviter à leurs
clients les embarras d'un manége et d'un moulin,
et aussi pour les mettre en garde contre les mé-

langes de poussière et de farines étrangères qu'on dit être parfois pratiqués dans les meuneries. A la grande Malterie de Blangy, un concasseur est installé dans un atelier spécial. Son mécanisme permet de faire la moûture suivant le désir du brasseur, c'est-à-dire plus ou moins fine. Il moud 20 sacs à l'heure et peut fonctionner à toute heure du jour avec l'ébarbeur et le nettoyeur qui en débitent autant.

De plus, le malt n'est concassé qu'au fur et à mesure des demandes; en sortant du concasseur, il est mis dans les sacs et expédié immédiatement. Il arrive ainsi chez le brasseur, bien sec et sans sans avoir subi aucune manipulation ou arrosage, qui fausse sa qualité et son poids, au grand détriment du brasseur.

On voit déjà par ce qui précède, l'utilité incontestable d'une bonne moûture du malt, bien appropriée aux grains selon qu'ils sont crus ou plus ou moins bien maltés, puisqu'elle contribue puissamment au fort rendement des matières premières et à la bonne qualité des bières.

Le brasseur doit être persuadé que le concassage du malt demande les plus grands soins, afin que le grain ne soit ni trop grossièrement concassé, et qu'il ne contienne pas de grains trop déchirés. Ce point est de la plus haute importance pour une bonne extraction du malt. La qualité de la drèche, qui doit être légère comme les balles du grain, donne à cet égard les meilleures indications, si sous ce rapport on n'a pas commis de faute, et en supposant que la trempe ait été conduite convenablement.

Nous terminons ici notre première étude sur la science du malteur. Nous avons dû glisser rapidement sur beaucoup de questions importantes ou même les passer sous silence, telles que les pelletages à la touraille, la dépense de combustible, les couleurs du malt, les nombreux systèmes de tourailles, de germoirs, de moulins, etc., etc..... La préparation du malt est une question trop vaste pour la terminer en une seule étude et la condenser dans un de nos petits volumes. Dans une seconde livraison, nous approfondirons les problèmes dont nous n'avons pu qu'esquisser la solution.

FIN DE LA PREMIÈRE LIVRAISON.

## TABLE DES MATIERES.

FIN DE LA TABLE.